U0331009

就这样爱上语文

一位语文教师的课堂内外

大夏书系·语文之道

郭静娟 著

华东师范大学出版社

ECNUP

全国百佳图书出版单位

·上海·

目 录
contents

阅读小辑
被一本好书俘虏

序一
在语文课堂中播种诗意

我做校长时，学校老师胸前挂的校徽上，写着一句话：做中国最好的教师。

很理想化，有点奢侈，但今天，我要说，至少有郭静娟老师，让我的理想得到了实现。一直很羡慕，甚至有点忌妒，大家都是语文教师，为什么你的教学和写作就那么有诗意和灵气呢？是的，课堂有诗意，教学有创意，还特别能写作，这正是我心中语文和语文教师的理想境界！

2008 年 12 月，上海某教育机构邀我主持一个全国中学语文骨干教师"苏州名校访学培训"活动。在苏州大市范围内，我选择了十余所语文强校，张家港高级中学是最后一站。12 月 11 日，上午听两堂课。其中一堂，郭静娟老师用自己发表的一篇随笔做教材，指导学生写作，重点是如何把生活素材提炼为写作题材。优美的文章，加上现身说法，课堂气氛和教学效果之好令人击节赞叹。下午评课，上海方面带队导师季海刚，是从江苏跳到上海建平中学的著名语文特级教师。他第一个讲话，讲的第一句便是："听了几十年语文课，今天的课最令人难忘。"接着他说："以前我们总讲，全中国的语文教师到上海不能不去建平中学。现在我要说，全中国的语文教师到江苏，不能不到张家港高级中学听课。"尔后老师们的自由评课也是好评如潮。讲得最精彩到位的有两个人。一个说，给他震撼的不仅仅是课堂，还有两位教师本身。有诗意，有情致；两节课的精彩，关键是教师自身的精彩。另一个说，这样的好课，已不在一般"器"的层面，而有一种"道"的境界。

　　静娟老师的课，确实有诗意、有气象、有境界。2011 年 7 月 10 日，应青岛市教研室邀请，我偕郭静娟等三位老师前往上课讲学。郭静娟执教汪曾祺的散文《葡萄月令》，教得自然朴素中显深情，学得轻松自如处获真谛，一如汪曾祺的散文风格——"苦心经营的随便、平淡"。印象最深的是她引领学生对作品语言的品读和鉴赏。先引用作者的话，"探索一个作者的气质、他的思想（他的生活态度，不是理念），必须由语言入手，并始终浸在作者的语言里""作品的语言映照出作者的全部文化修养"。然后进入文本和语言的研习，最后告诉学生这样的结论：语言的一半是事物的代名词，一半是精神和情感的代名词。丰富我们的精神世界，真心地爱上这个世界，才可能写出感人的语言。这样的教学，境界之高妙，令人击节赞叹。

　　语文是所有学科里最有诗意的学科。语文教师应该拥有诗意。民国时期的《开明国语课本》里，有这样一篇课文——三只牛吃草，一只羊也吃草，一只羊不吃草，它看着花——一只多么有灵性和情趣的羊，一只多么浪漫幸福的羊。这篇课文或者说这只羊，给我们上了生动的一课。活着不应该只是吃饱这么简单，在吃饱的基础上总应该有一点喜好和追求，应该享受吃饱之上的更高境界的精神愉悦。这种精神享受，可以来自阅读，也往往来自生活。生活中，存在大量没有语言的诗。能敏锐地感受到季节的变化，下雨听雨打芭蕉，刮风听风吹庭院。明月当空，关灯赏月，仰望星空。上学路上，停下脚步，放下车辆，看一看路边的野花。有铺上桌布就餐的优雅情趣，爱喝一点不为解渴的下午茶，会交一些没有功利需求的好朋友。郭静娟就是这样的人。

　　郭静娟的诗意来自阅读，也来自生活和生活情趣。她爱生活，特别爱玩会玩。玩花草，玩运动，玩摄影，甚至还开始学习绘画，她最可贵的，是一直在尝试新的领域。

　　现在我们谈教师专业化，众口一词，都围绕工作事业，谈课堂，谈课题，谈教改，谈研究，一句话，谈 8 小时之内。其实，我以为还应该把视野拓展到 8 小时之外，谈业余生活，谈爱好特长，谈生活情趣。能不能这样说，爱好情趣，也是教师职业特别需要的一种"专业化"？这么说的理论依据是爱因斯坦的一句话："人的差异在业余。"什么是教师的专业化？一是与众不同，不可替代。二是成为一个自由人。有自由选择的生活方式，有理想的处事方式、处事能力和生活状态。三是拥有持久的恒心和不断地超越。

是的，是读书的恒心和不断学习中的成长，成就了郭静娟。为了写作本文，我冒昧地问她："你在中小学时，语文成绩是不是最好的？"她回答："比较一般。大学里成绩也平常，只是非常喜欢看闲书。"她还说："工作后看书更多一些。"

作为多年的老同事，我当然知道，静娟爱书，她的博览群书，她的深度阅读，非一般教师能及。她的教学诗意，她的写作才情，她的快乐和幸福，都源于阅读。阅读，让她找到了平凡校园生活中"安静中的丰富，简单中的幸福"，读写这件小事，"让简单的校园生活穿上了一件美丽衣衫"。她的教学、写作，甚至生活，既有诗歌的温婉柔情，又具哲学的深刻睿智。特别是写作，她的"灵性小散文"，在成就自己的同时，还影响带动了他人。她所在的张家港高级中学语文组，至少有七八位教师，经常能够发表文章，不是一般的教学论文和应试经验，而是散文、诗歌、摄影作品等。我一直认为，能不能写作，是优秀教师和平庸教师，教育家和教书匠的分水岭。特别是语文教师，不会写文章，就不能进入读写教学的自由世界。

静娟老师的大量写作发表，让人羡慕和钦佩。她早该出书了，她终于出书了。热烈祝贺！谨以此小文为序。

高万祥

序二

在时光中绽放

~~~~~~~~~~

  郭静娟老师的新书问世，请我作序，我慨然应允。拒绝，很容易找到诸多理由；答应，却无需理由。

  在我的记忆中，郭老师是与长三角"新语文圆桌论坛"一起长大的。2001 年，我和程红兵等老师在杭州相遇，为了倡导纯粹的学术空气，直击语文教学中存在的实际问题，提出在长三角建立新语文联盟的想法，竟然一拍即合。消息传开，迅速得到长三角诸多语文同人的热烈响应和积极支持。经过紧张筹备，2002 年首届"沪浙苏皖新语文圆桌论坛"在宁波万里国际学校召开。第二年，转战江苏张家港高级中学，从此与这所江苏名校结下了不解之缘，不仅熟悉了在语文界久负盛名的高万祥校长、蔡明校长，也认识了一批充满活力的语文人，其中就包括郭静娟老师。

  郭老师给我最初的印象，朴素中蕴含着生动。她那洋溢着温暖笑意的脸上时时传递着对学生挚爱的诗意，炯炯有神的大眼睛闪烁着语文的智慧和灵动。20 年来，圆桌论坛几经辗转，薪火相传，几乎每一次论坛我都能看到那双闪烁着语文智慧和灵动的"大眼睛"。但我在台上常常献丑，而郭老师在台下默默耕耘，所以谈不上什么深入了解，直到这次拜读郭老师的心血之作——《就这样爱上语文》，才算是补上了见识江苏语文名师成长历程的这一课。

  坦率地说，开始我是带着写序言的功利之心进入这本书稿的，为了迅速抓住本书的要点和特色，还做了一些标记和摘录，以便速战速决，计划用两三个晚上把这项"作业"完成。但是读着读着，心态开始发生了微妙的变化：无论是受人之托的使命感还是完成"作业"的紧迫感都慢慢退去，油然而生的是一种阅读的喜悦、心灵的默契以及师生鲜活的个体在眼前的字里行间跳跃出来，他们热情地呼唤着我，感染着我，甚至动手拉我进入他们的行列，参与他们的活动和思考，分享他们的激动和快乐。这种久违的感受，已经不是赶快把书读完的心态，而是甘愿沉浸其中，充分享受郭老师创造的语文情景，自然产生了"马儿哎，你慢些走，慢些走"的感觉。我知道坏了，我已经被这本书俘虏了，还哪里有资格给这本书作序呢？

好在还有万祥兄正经八百的序言在，他是张家港高级中学的老校长，更有资本解读郭老师，我也就放纵自己一回吧，所以下面的话更多是一种普通读者感性的释放，印象成分居多，见仁见智，供各位朋友批评。

掩卷沉思，几点深刻的印象扑面而来。

扎实的脚步。朴素，是郭老师的基本面貌，在我的心目中，"朴素"是一个很高的美学标准，事物发展到了极致，就会还原为朴素，所谓"清水出芙蓉，天然去雕饰"。郭老师在专业上的朴素，表现为她没有任何投机取巧的成分，而是下足功夫，一位语文老师该做的事情，每一件她都做得精益求精。我们从本书的结构上就可以清晰地看到郭老师专业发展的坚实脚步：听课、阅读、写作、课例、行走五个部分，一目了然，步步坚实。透过她娓娓道来的故事，我们发现，她的阅读视野原来如此开阔，她的听课原来如此用心汲取，她的课堂原来如此精心设计，她的写作原来那样才华横溢却又如此勤奋，她的行走尽管步履匆匆却总是留出足够的时间在文化与诗意中徜徉，于是才有了去深圳特区观光竟然两去图书馆的动人故事，才有了在乌兰布统与白桦林和山丁子树的对话……如果把每一个部分的叙事作为案例来解析，都可以成为年轻教师专业发展的典范。看了郭老师的书稿，我第一个本能的冲动，就是想把这本书推荐给自己工作室所有的语文老师。

诗意的流淌。正如一节好课，不仅让学生在知识和能力上有所斩获，而且激发了学生的学习欲望，给学生带来审美的享受。郭老师这本书，正是如此，在你感受到沉甸甸收获的同时，总有一种优美的诗意在字里行间流淌，跳跃，弥漫。郭老师多才多艺，擅长诗文、摄影，甚至学习绘画，常常诗画共舞，行云流水，她的才艺与扎实的专业功夫相得益彰，把语文玩得得心应手，溢彩流光。越是语文专业的同行，越是容易在阅读中受到感染，引发共鸣，流连忘返。阅读，她感受到的是"文字是落入人间的精灵，在不同的思想者笔下舞蹈"；写作，她的回味是"用文字记录不仅是一种分享，更是对生命往事的回望和抚摸，而在对往事的回望和抚摸之中，我们也正为自己平淡的人生着色"。听到同事背诵一首诗，她会立即产生强烈共鸣："在那一刻，我觉得文字太奇妙，汉字太优雅，优雅到让我以为，世间没有任何一样东西的美可以与之相匹敌"。这样一位让诗意浸润得如此"一塌糊涂"的人，怎么可能不成为一位优秀的语文老师呢？

智慧的修炼。《就这样爱上语文》不仅洋溢着诗意，而且充满教育智慧。这种智慧是如何修炼出来的？其实世界上没有一个天生的智者，郭老师当然也不例外，她的教育智慧都是在长期努力耕耘和用心探索的基础上修炼出来的。她的课后反思不求面面俱到，但要一针见血。这样她的每一次课堂实践都成为下次突破的起点，她不见得比别人跑得快，但是她总在前进。正如朱永新先生所说，如果你能坚持每堂课都认真作好课后反思，十年之后，你一定能成为一位名副其实的名师。郭老师的听课笔记，也不仅仅是课堂得失的呈现，而是要作进一步的比较和探究，她不断追问自己：同课异构各自的优势和局限在哪里？如果我来上我会怎么上？课堂上出现的问题怎样处理更为妥当？显然这种情境式的追问会迅速将别人的资源整合为自己的财富。相比之下，我们多数老师常常苦于难以突破自己专业发展的瓶颈，却从不去想自己原地踏步的自身原因，自然也就没有深入研究的动力和突破自己的办法。郭老师甚至在听雨的过程中也会发现"雨声都是直线，鸟声都是曲线"这样有趣的现象，可见她的用心无所不在。

幸福的分享。如果你要问我，说了这么多，你最欣赏郭老师什么，或者说书中哪一点令你印象最深刻？那我一定会说，郭老师是一个幸福的人，她懂得在平凡的生活中汲取营养，善于发现、挖掘生活中潜在的美。看过这本书的人一定会对这样一个细节有印象，窗台上那盆她自己种植的小葱，旁边长出一颗小小的荠菜，她想到的是：一定有一天有只鸟来过……多么温暖的想象！带着这种思维，她看学生的视角就总是充满期待，对语文教师这个职业也就会感到无比的骄傲和自豪，在她人生的词典中似乎找不到"职业倦怠"的位置。她这样表述自己对教学工作和教师职业的理解："期盼自己的语文课堂中有对话，有喜悦，有成长，能焕发足够的生命力，希望自己教书不只是在完成一项工作，而是悄悄播下一粒粒种子，阅读的种子，写作的种子，诗心的种子，热爱生活的种子……"一个好教师，应该是一个常感觉到幸福的人，一个常常微笑着的人，一个对生活充满热情的人，心中藏有梦想的人，是永远对明天怀着希望的人，是能在工作中享受快乐和成就的人，唯有这样，才能引领学生，在学习生涯中，享受学习，快乐读书，从而成就梦想。我终于发现，郭老师幸福的真谛，不仅源于她内心的光明，而且彰显于她传递温暖、成就人生的终极价值。

写到这里，忽然想起鲁迅先生写给青年作家白莽《孩儿塔》的话："这是东方的微光，是林中的响箭，是冬末的萌芽……"

我固然不敢自比鲁迅，但我欣慰地看到，一批又一批白莽一样的青年，向着太阳升起的方向，走去。

袁湛江

听课小辑

这算不算是一堂好课呢？

春天的灵感　郭静娟摄

灵 感

鸟儿们用叽叽喳喳的晨曲

和毛茸茸的新羽

唤醒了整个春天

冬日里的一树一树线条

正被时光

悄悄落笔成一本好看的童书

那一树一树的花开啊

原来

春天送给大地的灵感

就是让那些在夜色里凝视过的遥远星辰

也都一一落在枝头

闪耀

任由欢喜的路人在时间面前

停顿下来

细细解读宇宙全部的秘密

有些课你无法拷贝

听完一堂精彩的课，常有许多老师激动地奔到开课老师那儿拷贝课件，希望能带回一份精彩，更希望在自己的课堂上也能复制一份精彩。我也曾喜欢这样。可我越来越发现，有些精彩无法复制，唯有自我创造，方能显其神韵。以最近听的三堂课为例。

一堂是同事杨建明开设的校内公开课——"书法兰亭"。

课堂并没有围绕文章内容展开，而是另找了一个新颖而巧妙的角度，带领学生充分领略书法之美。课堂设计很简单，由方文山作词、周杰伦演唱的歌曲《兰亭序》导入，激起学生兴趣，借用相关故事和典故，欣赏被称为天下第一帖的"书法兰亭"摹本，运用适当适度的专业知识指导学生该如何欣赏书法之美。这堂课最动人之处并不是这些环节，它们是铺垫，只要我们足够用心，也完全可以搜集材料进行设计。这堂课的特别之处在于，接下来杨老师向学生展示了四大幅自己临摹的《兰亭集序》，飘逸之中尽显自己的敦厚，那不是一夕之功。他真诚而幽默地介绍了自己习字的经历和心得，深深折服了学生和听课的老师。不仅如此，杨老师还把毛笔字和钢笔字进行了转换，给每位学生印发了自己以《兰亭集序》为摹本的钢笔字帖，随后，一边让学生自我揣摩和书写，一边在黑板上现场书写了兰亭帖。赞叹惊羡之余，学生纷纷把字帖粘到了课桌上。而我，作为一个听课者，内心也涌动起练字的狂热和对书法之美的好奇。

一堂是同事高东生开设的摄影写作课。

平时的课堂中，很多老师在讲解优美的文字时，习惯在课件中穿插图片，以求能更直观形象地表现出文字中的美。譬如上高一课本中高建群的散文《西地平线上》，老师们都爱搜寻许多落日图片加以辅助。极致的美，激起学生一片惊叹，但仅此而已。其实，文字的魅力正在于它能带给不同读者不同的想象力，图片的直观性有时不是拓展了它的美，而是限制了在想象里才能产生的无穷尽的美，所以有人说，用图片来替代文字不是语文，用文字来表达图片才是语文。

在这堂摄影写作课中，教者正是选用了自己拍摄的许多图片，让学生拟题，让学生用文字演绎图片，展示自己取景定格之时的立意和感受。以其中一个镜头为例。三张不同角度的昙花，是教者于暑假的夜晚打着手电在学校的花房中拍摄而成的，看起来犹如圣洁的仙子。绝大部分学生不认识昙花，也不知道学校的花房在哪儿，诧异之余，学生想到了"暗夜中的绽放""等待""美丽为谁"等题目，而老师的文字是这样的：

好多人只是从"昙花一现"这个成语中知道了昙花，但可能从未见过昙花，更不用说看到它开放了。学校的昙花种在学生宿舍楼后一个角落的花盆里，我早就知道了。那天我去看昙花的时候，发现在即将开放的花朵旁还有四五朵已经开败的花软软地垂着。谁看见了它昨夜的芳容？大概，只有月亮。

我常常想，为什么昙花要选在漆黑的夜晚一展自己的惊世骇俗的美貌？它为什么要以孤寂为伴？谁能读懂它无声的语言？也许，花儿也像人。孤傲的灵魂总是特立独行的，像梭罗，像凡·高。好像明白了，也许，只有一颗诗心才能读懂昙花吧。

就忽然想起了席慕蓉的《昙花的秘密》：

总是／要在凋谢后的清晨／你才会走过／才会发现／昨夜／就在你的窗外／我曾经是／怎样美丽又怎样寂寞的／一朵

我爱／也只有我／才知道／你错过的昨夜／曾有过／怎样皎洁的月

我一直都以为，语文课应该有一种浪漫的元素，有一种理想的精神，有某种莫名的情绪在悄悄萌动，让人不知不觉对身边的一切生出欢喜。这堂语文课，就带给我这样的感动。用相机定格美的瞬间，用文字表达我们的内心，是一件多么美好的事。自自然然之中，启蒙学生从生活中发现美、感受美、采撷美、表达美，更生出对文字的热爱，对生活的热情。罗丹的那句名言是谁都会背诵的，但平淡生活里的精彩，唯有一个真正热爱生活的人才能发现。

还有一堂课，是在邻校听的作文课，高冰峰老师的《思想，是作文的一面旗帜》。听课时，旁边恰巧坐着教者的旧同事，她说，他开设的公开课总是与众不同，随意之中有灵气，看似漫不经心，处处闲笔，彰显出的却是教者的思想和个性。果然，课堂的开篇就不同寻常，教者呈现给学生的是他的小文《你要我的 QQ 个性签名吗？》，共十九句 QQ 个性签名，句句精彩。如：

黑夜是一面最严格的镜子，太阳是一个最大的闹钟。

职业是一种容器。人生是液态的。我知道，当我进入啤酒杯中时，我是圆的；而当我被倒进 S 形杯中时，我想我就会有比较美丽的曲线。

空间愈远，虚幻想象之景愈美，时间愈久，似曾相识之感愈多。

教者幽默地说，他的 QQ 个性签名在网络上很抢手，被许多人采用。教者告诉学生，写作就是用文字给自己的人生留下一些记忆，给自己的思想留下一些痕迹。思想从哪里来？教者结合自己的许多文字告诉学生，要"眼中有风景，心中有感慨"，写好作文没有捷径，唯有多想多写，常读常写。这些表面看来大家都知道的简单道理，因为结合了教者自己的文字而有了真切的感染力和说服力，也从一定程度上让学生牵手了写作的小小技巧。

确实，有多少名家已经指出过，在写作教学中，如果没有实践，理论方法上的指导只能是一句空话。就像有过多少人生阅历之后，我们才会发现，自己竟然是第一次与那句最熟悉的文句相遇；就像做许多事时所特有的手感，那是千百次尝试之后获得的馈赠，谁都无法直接给予，谁都无法把它拿走。所以，要想真正让学生爱上写作，老师自身的阅读和写作都是一个绕不过去的弯。

曾看到一期语文教学杂志上，写一位老师没有按常规顺序教课，他迟迟不上房龙《〈宽容〉序言》的原因是，他正在读房龙的《宽容》，准备读完后再和学生一起学习。异曲同工的是，身边的一位优秀老师也喜欢这样，譬如要讲诗歌了，她一定会去翻翻朱光潜的《诗论》，翻翻袁行霈的《中国诗歌艺术研究》，翻翻学者钱穆的作品，翻翻李泽厚的美学，再翻翻相关杂志，她说，那样她才会上得从容，能上出那么一点儿诗的感觉。

我也一直记得，多年前吴非老师为我们的学生作阅读经典的报告时，讲述过这样一个细节：有一次课间，吴非老师坐在教室里阅读一篇小说，读着读着，他忘记了时间，他流泪了，他没有听到上课的铃声。我知道，他是想借这个细节告诉我们的学生，好的作品总有这样的力量，它让我们远离现实世界，让我们的思绪灵魂精神活跃在另一个丰厚的世界中。可我记住这个细节，不仅是因为这个，更因为我在这个细节里读到了吴非老师天真的可爱。也许我用这样的字眼是不合适的，但我一直觉得，当我们不再年少，却依旧能为小说中的人物和情节流下泪水，那么，他的心总是最年轻的，他一定是比那些喧哗着的人更深地爱着这个世界的。而如果我们也有了这样真诚的阅读，还会茫然不知如何引领学生进入美妙的阅读世界吗？

钱理群先生在他的一篇访谈录中曾说及自己中学时的语文课，他说，每一堂语文课，于他都好像是一次精神的探险，每次上课之前，他都会怀着激动期待的心情。可是现在，有多少学生还对我们的语文课堂怀着期待的心情呢？当我们的课堂成为模式，当我们的课堂缺少老师自己的个性，当我们没有了自己的阅读和思考，丝毫也不能引发学生精神上的好奇，他们还期待什么呢？

个性的自我，才能有个性的课堂。个性的课堂，才能带给学生期待。

语文课是不同于其他课型的，语文老师也该有一些不同之处。记得汪曾祺老先生在一篇散文中表达过这样的意思，一个人的口味最好要杂一点，这样多享受，而更要紧的，是对生活的兴趣要广一点。我喜欢这句话。事实上，我们都是平常的语文老师，无法成为杂家，更无法成为大家，但至少我们可以爱上阅读，并因为阅读而拥有一颗更敏感细致的心，我们可以爱上书法，哪怕只是懂得如何欣赏，我们可以爱上摄影，选景定格和选材立意其实没有什么区别，我们也可以爱上信笔涂抹自己的心绪，行文时的那一点儿微妙的"得失寸心知"，便可以向学生娓娓道来，甚至，真正地爱上看草看花，也可以使我们在和学生一起感悟"自然有大美而不言""一草一木皆具神性，请珍惜"时，变得更真切和深远些……

所以，真正精彩的课堂无法拷贝，也无须拷贝。

解读生活与解读文本

这个学期，基于年轻教师的成长需求，学校教研组活动尝试开展同题异构的教学模式，第一周的教研活动时间，由高一两位老师同上余华的短篇小说《十八岁出门远行》，第二周教研活动的两节课时间，教研组全体语文老师进行自由评课。

《十八岁出门远行》，是苏教版必修三语文读本上的一篇文章，收录在"年轮上的故事"栏目中，在这一栏目的编者提示语中，有这样一句话：小说讲述了少年的成长故事，展示出出门远行时的孤独和迷惘，认知世界的懵懂与困惑。

第一次尝试这样的教学研讨模式，竟然颇有收获。上课和评课之间，有一周的间隔，原本担心这种间隔会导致大家对课堂的陌生化，没想到，一小段时间的沉淀和忘却，恰恰滤去了一些平庸琐碎的课堂细节，而被大家记住的，正是课堂的亮点和疑点，对于它们的讨论和交流远远超越了以前教研活动中泛泛而谈蜻蜓点水式的评课内容，使得大家对于文本的解读来到更为深远更为宽广的领域。

两位老师独立备课，课堂思路很不一样。

第一位老师，采用的是学生事先阅读、设疑和课堂师生讨论、答疑的模式。课堂留存给大家的印象，可以用这几个关键词来形容：荒诞、难懂、仿梦，先锋小说。而如果用一句话来形容，则是这篇小说不好读，不好教，这种风格的小说，也许并不适合学生阅读。而课堂的最后一个环节也许可以说明得出这个结论的缘由。课堂是以普希金的一首小诗《假如生活欺骗了你》来收尾的：

假如生活欺骗了你 / 不要悲伤，不要心急 / 忧郁的日子里需要镇静 / 相信吧，快乐的日子将会来临 / 心儿永远向往着未来 / 现在却常是忧郁 / 一切都是瞬息 / 一切都将会过去 / 而那过去了的 / 就会成为亲切的怀恋

这一首诗的引用，其实足以表明，这位年轻老师尚未真正走进《十八岁出门远行》这个文本。她是站在文章的门外带着学生看门里的风景。所以，尽管课堂也努力探讨了此文题目的含义，以及文中"旅店""汽车"等难点意象的含义，但学生对于文本的理解，依旧停留在原有的自我阅读层面上。

第二位老师，则设计了这样的几个问题：

我是在一个怎样的条件下出门远行的？请问，为什么偏偏是十八岁出门远行，而不是十四十五等其他年龄？出门远行的少年在外面的世界里遇见了哪些人哪些事？这些人这些事有着怎样的特点？外面的世界到底是怎样的一个世界呢？

这么一路梳理下来，学生遇到的阅读障碍基本逐个得到了消除：

（爸爸说）你已经十八了，你应该去认识一下外面的世界了。

我欢快地冲出了家门，像一匹兴高采烈的马一样欢快地奔跑了起来。

我遇见了一件又一件奇怪的难以解释的事，我的心情时而愤怒时而自我安慰时而担忧焦虑，时而又充满期盼……

外面的世界如此奇特，荒诞，如此不合情理。

这样怪诞的人物和事件，在生活中并不真正存在，可是，这样的荒诞，出现在一个初次出门的少年眼里却是再正常不过的。它是源于一个懵懂少年对于外在世界的初次注视，是一个少年其自身的童年经验和复杂的成人世界在内心引起强烈冲突的结果。

这节课带给许多听课老师的感觉是，原来，这篇小说的主题并不像想象中的那般深奥，只是写法比较独特巧妙罢了。听课老师和学生一样，在老师的一个个问题中逐步进入了文本，而在这样的进入中重读文本，心一下子豁然开朗：

其实，荒诞的世界才是最真实的世界，那是少年以前未曾见过的成人的

世界。变形、梦幻、夸张的生活遭遇，凸显的正是一个站在成人世界门槛上的少年在认知世界时的懵懂与困惑。这样，所有不合理的情节都有了同样的指向，所以根本无需花费蛮力去寻求对情节和人物所谓的合理性解释。

而令人意想不到的是，一周后的自由评课又把大家对这篇小说的解读带入了更深处。也许是因为这篇小说内容的独特性，也许是因为同题异构这种教学模式带来的课堂丰富性，大家的思维很活跃。

一位老师说，十八岁出门远行，讲述的其实就是两个字：成长。成长中遭遇的种种困惑，成长中对生活模糊的认知，不过，作者余华给这寻常的主题设置了一个很不一般的谜面，需要我们费力地去猜，猜不出来，那些文字就是一笔糊涂账，谜底一旦揭晓，会发现，原来不过如此。

一位老师说，出门远行，是一个少年独自去认知世界，在真实的生活面前，原先所有对世界的认知有可能会被真实的世界一下子击得粉碎，这才引发了情节的混乱，文中无法进行合理解释的人物，如司机，是在暗示读者，生活是复杂的，人性是复杂的，而小说并不复杂，小说只是把生活略略变形和夸张了一下，生活中，有太多的东西我们从来找不到合理的答案，所以，真正的阅读，到最后，都要由解读文本归结到解读生活。

还有一位老师说，这篇小说之所以成为余华的代表作，是因为它的独创性，作者是用极其荒诞的情节因果来表现真实的生活，这样的风格带有一点外国小说的风格，是我们不熟悉的写法，我们熟悉的小说基本都是写实类的，这便是初次阅读遇到的基本障碍，明白了这一点，就会发现，这篇小说一点也不难懂。如果愿意再往深里想一想，文章固然是要表现一个少年初次面对世界的困惑，但另一个用意，也许正是想借十八岁少年的眼来表现生活的荒诞，这种荒诞才是文本的深刻之处。试想，司机的苹果无故被抢了，少年自己的书包被抢了，暂时安身的汽车有许多零件被他人拆去抢走了，这样的事，在现实生活中难道真的不存在吗？生活中，我们有多少自身的东西和权利无缘无故地被夺取呢？而"被"字的流行正说明了这一点。只要随便上网浏览网页，又有着多少令人莫名诧异啼笑皆非的新闻，在彰显这个世界莫名的荒诞呢？当你明白，生活远比小说更为荒诞时，文中所谓的荒诞情节便不再荒诞。如果再去读一读余华较为写实的小说《许三观卖血记》和《活着》，还会发现，余华是一个多么关注生活真实的作家。而这篇小说的不同之处，是他采用了带有些喜剧色彩的艺术形式，来表现现实的悲剧。这位老师最后说，如果他来上这篇文章，课堂的结尾将会引用叶芝的一首小诗：

走吧/人间的孩子/与一个精灵手拉手/走向荒野和河流/这世界哭声太多/你不懂

浅读和深读，原来有着这般遥远的距离。
而我呢，想起的是心学大师王阳明的一句话：

你未看此花时，此花与汝心同归于寂；你来看此花时，则此花颜色一时明白起来。

用这句话来形容我们与文字的关系是不是也合适呢？许多花树，我们日日相见，其实却从未真正地走进细看过它，直到某一天终于为它驻足惊叹，才发现，自己和它，原来是白头如新，互不相知。许多文本，我们总以为读过了，但熟悉的其实只是文字的最表面，因为缺少独立自我的阅读思考和体味，那些文字的颜色，从未曾在我们的眼中明白起来，而我们，常常就带着那样的不明白，自信满满地走进了自己的课堂。

在这样的自由评课中，大家都进入了深深的思考。不得不承认，正是一个语文老师的阅读眼界，决定了其课堂的宽度，而一个语文老师对生活的解读深度，则在某种程度上决定了其对文本的解读深度。

阅读视野和个性思想，对于一个语文老师来说有着怎样重要的意义呢？我们，距离一个合格的语文老师，究竟还有多远呢？

没有答案。但我知道，自我的阅读，也许永远都是最好的开始。思想，也会紧随而来。

老师展示自己的文字合适吗?

——听《寒风吹彻》有感

~~~~~~~~

听了几堂公开课,有好几位老师不约而同设计了和学生分享自己文字的环节。比如说,读某篇文章,让学生写读后感,自己便也写一段,作为比较。比如说,讲评日记随笔写作,于是奉上自己的日记数则,以作参考。比如说,学习某篇难度较大的课文,用自己的某篇习作,作为拓展。

语文老师敢于呈现自己的文字,这是一种勇气,也是一种进步。至少,可以让学生体悟到老师的用心,读到老师的内心世界,从而使课堂中师生彼此的心灵更为贴近。

但这一个相同的环节,却缘于不同的文字和不同的课堂,产生了大不相同的实效。有些老师的文字,还比较稚嫩,或者缺少特别动人心怀之处,基本和学生处于同等级别,听来有多余之感,或反而有献拙之嫌;有些老师的文字,有其深度和独到之处,但却和所教内容关联并不密切,这时的吸引反而分散了学生的注意力,把学生的思维岔开了去,费了周折,收效却微。

那么,老师适合展示自己的文章吗?什么时候展示自己的文章最合适呢?

之前听黄厚江老师的关于课堂教学的讲座,他的一句话引起了我的思考。他说,教师在课堂中出示自己的文章一定要慎重,动机要良,要有明确的出示目标。我似乎找到了答案:

老师的精彩文字是自身才华的一种展示,它所引起的连锁反应是其他作家的文字达不到的,如老师自身的精彩引发学生的敬佩、仰慕从而带动起更为高效的听课效率,但这种心情上的征服只是短暂的,是一过性的,学生最终还需回到所学的内容上来，所以，老师精彩文字的呈现绝不能只限于炫耀和征服，只有当老师自身的文字能很好地服务于教学内容，成为课堂教学真正的必需，才是最有效的。

以我听到的其中一堂课为例，是同事杨建民执教的《寒风吹彻》。

听前，有点儿担心。鉴于学生自身的阅历和人生体验，学生和这篇文章的心理距离比较远，不大容易真正走进文本。还记得自己第一次读刘亮程的这篇文章的感觉。因为对北方自然气候的不了解，因为对北方农村那种贫寒生活的不熟悉，阅读时总觉得那些关于冬天来临时的描写有些矫情，甚至也包括"寒风吹彻"这个题目。因为有了这样的错觉，后面关于姑妈和母亲的文字印象也大打了折扣。我并没有太多地被这篇文章打动。那么，那些生活体验比我更浅、年纪尚小、生活条件更为优越的南方城市孩子呢，他们能借助老师的课堂真正走进刘亮程这寒风吹彻的苍凉世界吗？

但老家在甘肃的同事杨老师带给了我一份惊喜。他巧妙地切入，把学生、听课老师都完全地带进了刘亮程的情感世界，而当走进这个世界，刘亮程的文字也一下子变得熠熠生辉。连偶然来听课的外科目老师也忍不住感叹，原来，语文科目中的文字竟有着这样的魔力！

课前，杨老师让学生自读课文，在随笔本上写下一句话或一段阅读感受，并就文中不理解的地方设疑。老师事先大致了解学生自我阅读的情况。

课堂的第一步，杨老师对学生的自我阅读感受进行分类展示，综合出几组关键词：

寒冷、悲伤、冬天
无法逃避、无能为力、独自承受
温暖、爱、期盼春天

课文的框架似乎一下子跳跃出来了。但文章的内涵依旧朦胧而模糊。

课堂的第二步，就学生较为集中的问题进行讨论。学生的困惑较多地集中在主旨、一些比较含蓄的文学语句表达以及题目的含义上。

杨老师让学生进行了简单讨论，但学生分明很难真正走进这些文字。说来说去都是隔靴搔痒，很少有同学真正理解到位。这和预想一致，学生和这样的文章隔着几层人生体验呢！何来共鸣？

听取了学生的意见后，杨老师没有作过多的评价，而是进入了课堂教学的第三步，也是最为重要的一步。他选择了为学生朗读"姑妈在冬天的离去"和"母亲的苍老"两大部分的文字。他的朗诵真诚、低缓、动情。教室里很安静，听着听着，心竟似乎一下子被那些文字抓住了。特别是读到"但母亲斑白的双鬓分明让我感到她一个人的冬天已经来临，那些雪开始不退、冰霜开始不融化——无论春天来了，还是儿女们的孝心和温暖备至"时，心中突然涌起无限的感动。我想学生也是。杨老师读到这里有些微的哽咽和停顿。他的投入，把听课的学生和老师带入了相应的情景中。

这一个人的冬天到底是什么呢？世上有不化的冰雪、不融化的冰霜吗？读完后，老师抛出的一个小小问题让学生有些明白了个中意味。

"高堂明镜悲白发，朝如青丝暮成雪。"那一个人的冬天，是年华的逝去。人生终将会走到暮年，衰老、离开是人最终的归宿，也是人生永远的悲剧，任谁、任任何一种情感，都无法改变这些。这是怎样的无奈呢？这文字里藏着怎样巨大的人生苍凉呢？就着学生思路的拓开去，杨老师顺势展示了他怀念父亲的文章《写字》。文章不长，放于此处，便于作出说明。

写 字
杨建民

父亲在世时曾说，人死如灯灭。

人一去世，什么都带走了。的确是这样。

这一走，将他一生的喜怒哀愁，一生的才华和成就，一生的故事和传奇，都带走了。

席慕蓉说过，故乡的歌是一支清远的笛，总在有月亮的晚上响起。可是，埋在亲人心中的怀念，却不一定只会在每一个清明、每一个节日才降临，而是悄悄地、如潜流般不期而至。现实的日子里，并没有这种特定的时刻，这种时刻的来临并没有任何先兆，也没有规律可循。

办完父亲的丧事，回到张家港，投身于滚滚红尘中，整天忙忙碌碌的，似乎顾不上想起父亲。

可是在今天清晨，5点多，我醒了，某些和父亲有关的事飘然而至，在我的眼前如电影画面般清晰，我知道，我想父亲了。

脑中出现的几件事，都同写字有关。父亲写得一手漂亮的草书。假期刚回到家中，才发现父亲消瘦得厉害，但没有住院。我拿出一个字条，想让父亲写几个字，是励志和习惯培养方面的。想让父亲写好，我回张家港就贴在书房，好好激励儿子。父亲接过字条，很仔细地夹在一本字帖中，把字帖放在写字台侧面的一叠书上，说，好，以后我会给你写的。

不久，父亲就住院了。办入院手续等待时，父亲不顾医院走廊椅子的坚硬，要躺下去，拦都拦不住。母亲慌忙将手里的毛巾垫在父亲的头下面。我当时还有些埋怨。回头想想，我其实没有意识到，父亲已经很衰弱了。

住院的日子里，父亲对我说话，又说不清楚，一着急，我就找来纸和笔，让父亲写。父亲斜躺在病床上，侧着身子，拿住我递到手里的笔，抖抖索索的，在我垫厚的纸上吃力地写起来。可是，写出的不是字，只是一些歪斜的笔画。我不禁悲从心来，父亲，你想对我说什么？你的一手好字被谁夺去了？

后来，大姐从北京赶回来看父亲，病床前，又让父亲写字，父亲依然是写得很吃力，很费劲，字依然很潦草，所幸的是，这一次，终于让我和大姐认出来父亲写的是一个"高"字，刚看到这个字，我还不明白，父亲想表达什么，想说什么呢？后来大姐说，可能"高"就是高兴吧，大姐回来了，父亲心里高兴，可说不出来。我有些心酸。

现在想起这些，画面一幕一幕从眼前滑过，父亲不能写字了，无力写字了，写不出成形的字了，这都是病魔对父亲的折磨所导致的。从前爽朗健康、和蔼可亲的父亲，日渐衰弱，不可控制地走向生命的终点，身在其中的我们虽然知道，却无能为力。父亲在书桌前挥毫泼墨的情景还历历在目，我却永远也得不到那浸润着"一得阁"墨香的新作了。"当时只道是寻常"，纳兰词中的意味我已深刻地感受到了。

读着读着，杨老师停住了，有些哽咽。听着听着，学生流泪了，情真意切。听完，他们不自觉地鼓起了掌。这掌声，不是为杨老师的文采而喝彩，而更像是一种外在的暖流，想要帮助杨老师从寒风吹彻中，从遭遇的父亲离去这一个寒冷的冬天中走出来。

杨老师的这篇文章，成了一座桥梁，他用自己独特的人生体验丰富了学生的人生体验，从而自然地帮助学生过渡到了作者的人生体验。杨老师生命中的一次"寒风吹彻"，让学生真正走近了作者的表达："生命的本身有一个冬天。"任何人都无法避免。

杨老师选用的这篇自己的文章，可以说是帮助学生理解《寒风吹彻》的关键点。这样的展示，正符合黄厚江老师所说的，动机良纯，出示目的明确。

只是，稍稍觉得有点可惜的是，在学生已经能很好地进入文本情感的同时，杨老师没有抓住时机跳出"情"这个字带领学生进入到对本文理性分析的更深层面，而是继续朗读了自己怀念父亲的另一篇文章——《这个夏天》，这篇文章更为细致地描述了其父亲离开时的情景和其心头被寒风吹彻的凄凉心境。学生更加深受感动。但这一处延伸，虽然有助于学生在情感上更为贴近文本，但感动之余，对于课文本身的理解和思考就有些削弱了，所以，这追加的一篇，在我看来有些多余。因为课堂毕竟是课堂，感性之情也需要理性的收束。

听完杨老师的这堂课，我试着用他的方式、他的文章在自己的班级也上了这篇课文（学生大部分认识杨老师，我又对其人、其老家作了一点点渲染，所以我的学生对其文同样感到亲近），效果也很不错。不过在课堂的最后三分之一处，我作了一个小小的调整。

读完杨老师的《写字》后，我让学生再回到了最初阅读的疑问中，重新回归文本，重新展开思考和讨论。果然，那些疑问在讨论中都迎刃而解，而那些原本是难点的文字，则越读越让人觉得精妙。

什么是"他们被留住了，冬天总是一年一年地弄冷一个人，先是一条腿、一块骨头、一副表情、一种心情……"呢？

人是一点一点走向衰老的。就如一部崭新的机器，一个零件一个零件开始老化，直到最后停止运作。又是谁导演了这一切呢？是我们永远也打不败的时间。就如香港电影《岁月神偷》告诉我们的那样，岁月是人生最大的神偷，最终，它会把我们的一切都悄悄地不自觉地偷走。（事先，我还利用阅读课时间给学生们看了电影《岁月神偷》。）

母亲为什么说起姑妈的死那么平淡那么平静呢？是源于母亲的冷漠吗？

那不是冷漠，而是因为同病相怜，因为母亲内心知道，她虽然逃过了这个冬天，但接下来不知在哪一天也会走入自己的最后一个冬天。作者对此也心照不宣。所以，叙述的语气越是平静，内心的无奈和伤感，便越是沉重。

30岁的作者，在某个冬天回忆往事时为什么却说"从头到尾地抚摸自己的一生"呢？细细一想，稍一争论，学生也就明白了，14岁的经历代表着以前的自己，而姑妈以及母亲的归宿则让作者看到了自己未来人生的结局，作者是在借他人的故事表达自己的未来宿命。

"雪"到底又有着怎样的含义呢？雪，原来不只是孩童时代有趣生活的代名词，雪的真实面目、现实含义不是浪漫，不是风花雪月中的雪，而是寒冷，意味着冬天，文中多次出现的"雪""寒冷""冬天"以及题目"寒风吹彻"，都有着别样的深意，那意味着人生的挫折、苦难，意味着失意、坎坷，更意味着人生的病痛、衰老和死亡等。

……

当读懂这一切，学生发现，人生多么苍凉又多么无奈。就如作者在结尾所写："我围抱着火炉，烤热着漫长一生的一个时刻。我知道，这一时刻之外，我其余的岁月，我的亲人们的岁月，远在屋外的大雪中，被寒风吹彻。"但正由于对人生的这份清醒认识，大家也懂得了另外两个字：珍惜。珍惜一切。这应该也是《寒风吹彻》所要告诉阅读者的吧。

这些理解的到位，在很大程度上依赖于杨老师的文章《写字》，是它的过渡，使得学生对于《寒风吹彻》的理解变难为易。

而结合杨老师的《写字》，在行文上，我还设计了这么一问：杨老师对其父亲，有那么多可回忆的镜头，为什么偏偏选择写字呢？文中有几次写字的镜头呢？而《寒风吹彻》是一篇较长的散文，作者是不是也有相应的思路呢？学生一下子就理清了《寒风吹彻》的思路，是冬天，把四件往事串成了一篇动人的文章。散文"以线串珠"的行文特点，围绕主题自然删选生活素材的写作方法，学生也就有一点心领神会了。

在此基础上，我和学生一起重新去细细品读了刘亮程的语言。原来，那些表达，如此经典，如此耐人寻味！

如何把生活带入课堂?

～～～～～

高一开学第一天的第一堂语文课,一位教师送给学生的第一个见面礼是快乐的新年祝福。而后提的第一个问题是:寒假生活中最难忘的一个镜头是什么?要求思考一分钟,用最简洁的语言表述,和大家交流。

一学生答,收到红包的时候最激动,特别是收到最厚红包的时候。教师点评:你很坦诚!

一学生答,红包被如数充公的时候,也很难忘。教师点评:是该尝试理财了,这也是一种很实用的能力,抽个时间和妈妈谈谈。说服她,练练你的口才。

一学生答,最难忘的是大年初一的那一场雪——拉开窗帘,看到那一片雪白的世界,除了惊喜还有惊呼。教师点评:你很浪漫,那场雪,确实让人激动,它像是冬天依依不舍离开时的一个浪漫仪式,也像是早春和我们开的一个小小的美丽玩笑。(此处教师还特别讲了自己大年初一早上赏雪的趣事)

一学生答,年初三走亲戚时,他们八个孩子一桌,第一次向长辈敬酒,期间不断地被长辈捉弄,那种又尴尬又热闹的场景回忆起来很是欢乐。教师点评:交际也是重要的能力,学会得体地表达情意更是一种语文素养。这个场景也告诉你们,不仅要在课堂里学习,更要在生活中学习。

一学生答,最难忘的是除夕年夜饭时,几个大人喝醉了发酒疯的时候,他们看起来有些天真,模样很好玩!教师点评:这样的时刻,让我们看到了成人世界真实的另一面。除了这样的时刻,你有试着去了解过你的父母或其他长辈吗?除了他们的关爱,你还能说出多少有关他们的信息?

一学生答，遛狗的时候，自家的大狗竟然被别人家的小狗追得狂奔，那一幕太令人惊讶了，没想到肥硕健壮的它有时这么怯懦。教师点评：小狗追，大狗跑，还有一个瞪大了眼看热闹的你，多么有趣的一幕！你记住了这个时刻，说明你是个较有情趣的人，但这也是令人深思的一幕，想想，是什么弱化了它的能力？

也有几个学生说不出什么，说寒假生活中最多的就是走亲戚，吃吃喝喝，有些无聊。教师点评：有时候，不是日子的脸太苍白，而是我们的心太苍白。

……

听课者感悟：作为一学期的第一堂课，用这样的开头来进入新学期的语文学习，是合适的，既用一种活泼的形式对寒假生活作了一个回顾交流，又让学生在轻轻松松中感受到了语文课的趣味，而最精彩的是教师的点评（这并不是一堂公开课，但学校要求第一堂课一定要格外精心准备，每个教师可以随堂听课，感觉得出来，这位教师的准备是用心的），不是简单重复学生讲述的内容，而是从情感、思想或者文学的角度对学生叙说的寻常镜头进行了诗情画意的升华。

这考验的是语文教师的语言基本功。语文教师需要有一定的脱口秀才能，需要富有一定文采的表述能力，这样才能给学生带来美的享受，也会在潜移默化中感染影响学生。但这种环节考验的，也许更是一位语文教师自身的情趣和审美。较好的情趣和审美能力才能化寻常为神奇。

学生交流完毕。这位教师展示了寒假生活中让她难忘的几个小画面。教师做了一个简单的 word 文档：

你知道吗？

其一，2010 年 2 月 10 日晚 18:15，中国男足国家队迎来了东亚四强赛第二场与韩国队的比赛，凭借着于海、郜林和邓卓翔的进球，国足 3:0 完胜韩国，让"恐韩症"成为历史，也结束了中韩对抗赛中国 32 年没有赢过的历史。

其二，2010 年冬奥会在哪儿举行？中国队已经拿了几枚金牌？

关于第一件事，只有小部分男同学知道一星半点。学生基本知道冬奥会在哪儿举行，其他知道的很少。就此，老师给学生介绍了当时三枚金牌的得主——申雪和赵宏博、王濛、周洋，让学生看了一些有渲染力的新闻标题，一些精彩的报道，一些生动的图片。学生兴致盎然。在这中间，老师穿插了自己的独特感受。譬如，国足的新闻，她说到《中国足球内幕》其书，说到在比赛结束后韩国队教练在接受采访时的那番意味深长的话——谁都知道，不论多久，这个时间终将到来，可不幸的是这样的时刻将由他来承受。她还说到短道速滑女子 1500 米半决赛时的波折，说到周洋孤身闯决赛给人带来的希冀和担忧，以及周洋如鸟儿般飞速掠过一圈又一圈，最终获得冠军的精彩过程，说到 18 岁的周洋接受采访时的那些话语是怎样的质朴而真实——得了冠军很高兴，终于可以让爸爸妈妈生活得好一点了……

这位教师最后说，生活是如此真实，奋斗是如此美好。所有的苦，在成功后会变得甜蜜，而失败时，那所有的辛酸会变得更为苦涩。生活有时就是这样赤裸裸地真实着，而又美好着。

这些事件都发生在寒假期间，特别是关于冬奥会的《冰雪温哥华》，应该是春节里最吸引人眼球的节目，理应受到高中学生的关注。但从前面的交流和后面的反应来看，许多学生对这个节目并不是很在意，但在听教师讲解的过程中却又表现出浓厚的兴趣。这是为什么呢？

这里应该有一个习惯问题，也有一个关注度问题。现在的学生在校的生活基本和社会生活是脱节的，有许多学生不会运动，不喜欢运动，闲暇时间多用来打游戏、上网、看肥皂剧，很少有关注社会新闻、社会热点的习惯，很少从中受到感动，或者对之加以思考。这位教师选择这样的镜头显而易见是有用意的，她是想提醒学生，我们不仅要关注近处自我的生活，不仅要关注庸常平淡的生活，从中感受诗意和美好，也要关注远处的生活，关注社会的热点焦点，在思考中收获成长。可贵的是，这位教师并没有去条条框框地教育学生，而是借助自己的观察和体悟，自然地对学生加以熏陶和引领。

记得叶圣陶在《怎样写作》一书中说，"跟教作文一样，惟有老师善于读书，深有所得，才能教好读书。只教学生读书，而自己少读书或者不读书，是不容易收到成效的，因此，在读书方面，也得要求'教师下水'"。我想把这段文字稍稍地改动一下，那就是，感受生活的美，思考生活的本质也是一种能力，要让学生学会观察、学会感悟和思考，教师也需要下水。你看，那些打动过这位教师的瞬间，在她满怀激情的描述里变得如此熠熠闪光，她用自身的经历和实践自然而然地给学生做着示范。该如何关注生活，不再停留在口号上，而成为了一种实践。

许多语文教师常常会把"问渠那得清如许，为有源头活水来"挂在口边，提醒学生多关注生活，多积累生活，多思考生活，但事实上呢，许多教师自身却常常叹息生活的无聊，很少被生活打动。如果是这样，作文课上的提醒只能沦为一句空话。

这堂课的最后一个环节，是这位老师展示了她寒假里收藏的一份《现代快报》，其中有一篇文章是《2010年高校自主招生笔试结束，专家点评名校作文题——自主招生半数作文考社会热点》。然后老师在投影中和学生一起了解了今年的各高校招生考试的作文题，并就其中的几题作了适当讲解，如同济大学的考题"针对两位返乡农民工因患感冒而被同车乘客怀疑为'甲流'赶下车去而发表评论……"，浙江大学考题之一"如果你考进了浙大，四年后要毕业之时，没有考研的机会，工作也找不到，创业没有资金，你该怎么办？"等。

由此告诉学生，校园不是一个真空的世界，学生时代也不该是和社会脱节的时代。关注生活，不仅会让我们自己的生活变得更为丰富，也会让我们的思想逐渐走向成熟。而唯有当关注和思考成为一种习惯，庸常的日子才会显得如此多姿多态。

要让学生做个有心人，自己首先就要做个有心人。看到好的文章随时收集，并和学生进行交流，这本身就是一种很好的暗示，比反复的叮嘱更有影响力。

同时，课堂进行到这里，我们可以看到，这第一堂课，老师的三个板块不是无序随意的，而是因时而定、有意有序的一种安排，看似无心，实则有意。这已经算得上是一堂随意而巧妙的作文课了。题目可以是"该如何关注生活"，"该关注怎样的生活"，或者是"生活处处皆语文"。

数理化是思维的体操，是旅行中的探险，是快速体现成就感的学科，它们确实有着非同寻常的魅力。就技巧而言，语文之美，是慢性的，是隐性的，是难以言说的，然而语文有其独特的感性魅力，它无所不包，它的世界极为广阔，为什么我们不充分利用这一学科特点呢？

我也一直在思考，活泼的生活拓展教学只能放松学生的心灵吗？它能不能给学生带来愉悦和美好情怀的同时也带来功利的好分数呢？毕竟我们还不能脱俗到不顾现实。我的答案是能。因为适度适当适时的拓展能引发学生对语文学习的兴趣，兴趣是学好任何一门功课的最好方法，同时，这样的课堂能提高学生的观察能力和思考能力，提高学生的表达能力和作文能力，这对于越来越重于阅读理解能力和作文能力考查的语文测试来说，又怎么会没有好的成效呢？当然，把生活带入课堂不是简单随意的拓展，而必须是教学素材的精心选择，这需要老师更多地积累和更为用心地备课。当老师自身有了丰厚的积累，有了生活中时时处处的备课，语文课堂才能信手拈来，处处文章。

记得以前曾为新学期的教师发言写下过这样一段话："教师，是为学生提灯的人，是用自身的微光，照亮学生前行之路的人。因此，我一直觉得，一个好教师，就应该是一个常感觉到幸福的人，一个常常微笑着的人，一个对生活充满热情的人，就应该是心中藏有梦想的人，是永远对明天怀着希望的人，是能在工作中享受快乐和成就的人，因为唯有这样，才能引领着学生，在学习生涯中，享受学习，快乐读书，从而成就梦想，并能在以后的人生中成为一个向美、向善、向真的人。"

我想，语文教师尤其应该如此。作为一名语文教师，应该在许多方面真正地下水！

我们，依旧诗意地栖居在这个世界

～～～～～

"一想到唐诗和宋词，就觉得像是两座山，压得我喘不过气来。读不懂，不会做，实在爱不起来。想想，唐诗，就是唐代人的诗，宋词，就是宋代人的词，就让一千多年前的唐人和宋人去读去懂好了，何必来为难我们这些后人呢？"

面对一本苏教版选修教材——薄薄的《唐诗宋词选读》，一些学生发出了这样的真实怨言。

"刚进学校时参加教师节聚餐，老校长来敬酒。自己是不能喝啤酒的，可那情景又实难推却。转眼看到桌上他们喝的白酒，就说：我倒点白酒敬您。话一脱口，满座皆惊。那时我真年轻，一小杯白酒入喉，那样火辣火辣的，直燎到心口。皱起的双眉舒展后，心中忽然就觉得豪情满怀。记得二月初寒天，郭家姊妹被大雪困在风陵渡口，少女郭襄请大伙喝酒，只听见她脆生生地对小二说：这是真金的钗儿，值得十几两银子罢，你拿去给我换了，再打十斤酒，切二十斤羊肉，我请大伙喝酒……虽不能至，可心向往之。这份向往，再早一些，也许是源于一首词，偶然看到，却念念不忘其中的几句：昨夜松边醉倒，问松我醉何如？只疑松动要来扶，以手推松曰去！……这样的宋词，你敢断言自己真的不会喜欢上它吗？"

这是一位老师给出的独特而感性的答案。

这是我校周萍老师开设的公开课"我的宋词"中一段有趣的对答。真喜欢这样的答案，自然，不生硬，就好像是顺手在泥土里放了一粒诗的种子，只待来日发芽。

这堂课是开始宋词学习的第一课。老师设计的一个主要环节，就是师生一起分享各自喜欢的一首宋词以及心动的缘由。文字深浅不一，却共有一份真诚。有学生少年老成，喜欢苏轼的《江城子·十年生死两茫茫》，缘于在阅读的瞬间感受到了电影画面中那种生离死别的场景，于是一下子爱上了藏在宋词里的深情；有学生喜欢"试问卷帘人，却道海棠依旧"，爱的是李清照的婉约纯美；有学生喜欢词格长短不一里的妩媚和自由，还化用了沈从文的话语，幽默地说：我愿，能在正当好的年纪爱上最美好的词；有学生喜欢的只是一个曼妙的词牌，"蝶恋花""眼儿媚""念奴娇"，她想要知道，究竟是怎样一份"才下眉头，却上心头"的思念，才使得词人灵感突现，信笔创下那些美丽的词牌？

我想，学生一定是愿意喜欢上诗歌的，因为他们正是最好的年龄，最渴望浪漫的年龄。而诗歌，恰恰正是所有文体里最浪漫的形式。不喜欢只是因为在许多学生看来，诗歌的内涵高不可攀，如冰雪美人一般难以亲近，而诗歌的命题方式又让他们心生畏惧，于是，他们不自觉地就产生了排斥心理。语文老师，作为诗歌阅读的引领者，如果能跳出单纯的技术层面指导，借由某种或某些方式，和学生一起感受到诗歌的意趣和风味，感受到诗歌无可比拟的美，学生钟情于诗歌阅读，应该是一件自然而然的事。

想起自己的高三课堂来。高三主要是知识点的系列复习，相对而言更为单调。其中一个很重要而又较难突破的板块是诗歌的阅读理解，学生对它更是颇多畏惧。记得进入这个知识点复习的第一堂课，我是以这个题目开始的：诗意的栖居。

我想用我的方式告诉他们，懂得了诗歌，爱上了诗歌，就会明白什么是诗意的栖居。

那正是枫叶红艳的初冬，很美。我展示了学校里几位摄影爱好者拍摄的枫叶图片，惊艳之后，我说，真的很美，可是，所有的图片都无法超越一首小诗带来的心动，请猜一猜是关于枫叶的哪一首小诗。有同学一下子就想出来了——杨万里的《秋山》："乌桕平生老染工，错将铁皂作猩红。小枫一夜偷天酒，却情孤松掩醉容。"只是一棵古松后长着一棵小红枫，却被诗人想象成调皮的小枫偷喝了天酒，染红了脸颊，心虚地请孤松来替自己打掩护。确实，无论怎样的拍摄，都比不上这首诗来得有意趣，有想象力。这就是文字的魅力，诗的魅力。

我还告诉他们，画坛泰斗吴冠中曾说出惊人之语，"丹青负我"，晚年的画家不断反思，他以为，形象固然能够表现内涵，但文字表现更生动，所以，文学的力量甚于绘画。他甚至还说过，从对社会的作用这一角度来看，100个齐白石也比不上一个鲁迅。画家捧着一颗全部奉献于艺术的赤子之心，说，诗，比绘画更深刻、更有蕴藉，诗，才是艺术的最高境界。

而恰好，那时我刚刚得到了一本当代诗人雷平阳的诗集，于是，我在吴冠中的旗帜下又加入了新诗的力量。我选用了雷平阳的一首小诗和诗集封底雷平阳的几句话作了这堂课的收尾。

诗的名字叫《高速公路》：

我想找一个地方，建一座房子 / 东边最好有山，南边最好有水 / 北边，应该有可以耕种的几亩地 / 至于西边，必须有一条高速公路 / 我哪儿都不想去了 / 就想住在那儿，读几本书 / 诗经，论语，聊斋；种几棵菜 / 南瓜，白菜，豆荚；听几声鸟叫 / 斑鸠，麻雀，画眉…… / 如果真的闲下来，无所事事 / 就让我坐在屋檐下，在寂静的水声中 / 看路上飞速穿梭的车辆 / 替我复述我一生高速奔波的苦楚

雷平阳诗集的背面，如是写道：还有什么文体比诗歌的叙事更古老，更有力量？还有什么文体比诗歌所提供的自由和想象，更辽阔，更有持续性？还有什么人比诗人更无法模拟，更孤独，更通灵？

我能从学生的眼中感受到震撼或心动。我说，所以，我们有什么理由不去走近诗歌、爱上诗歌呢？纵使中间横着千山万水，也值得我们为之跋涉千里万里。因为诗歌会让我们的心灵震颤，也会让我们懂得，什么是诗意的栖居。

这堂课的设计纯粹是兴之所至，也许还有些煽情。但是，我是发自内心地想让我的学生真心地喜欢上诗歌，进而享受诗歌，而不是痛苦地逐字逐句地进行翻译，使之意蕴全失。我以为，如果能在喜欢的基础上，再去给予一些方法，他们将更能接受。在后来的《如何读懂一首诗》的教学中，我给他们讲过古典诗词中的倒装现象，诗词最简单的格律知识，讲过将诗"泡"开的几种方法，还给他们介绍过袁行霈的《中国诗歌艺术研究》中的部分章节，

朱光潜的文章《谈读诗和趣味的培养》《研究诗歌的方法》，等等。就这样，学生和我一起，一点点走进诗歌的意境中去了，诗歌的面目变得越来越诱人。

为了配合诗歌的教学，我还在黑板的一角开设了"每日一荐"，即每天一位同学推荐自己最喜欢的一首古诗词。记得有一次，一位同学写下的是李益的《写情》："水纹珍簟思悠悠，千里佳期一夕休。从此无心爱良夜，任他明月下西楼。"讲解的时候他突然脸红了，说："如果有一天你失恋了，你就会特别明白这首诗。"大家一下子就哄笑开来。可是，后来一位学生因为某种缘故，在随笔中诙谐地这样化用了诗句，"从此无心做数学，任他作业数不清"，成就了另一次会心的开怀大笑。而那年初春，雨水特别多，太阳难得一见，上海电视台在一次天气预报时竟然用了这样一个有趣的标题——"问世间晴为何物"，和同学们分享过这个另类的天气预报之后，第二天，学生在"每日一荐"中写下的竟是元好问的词："问世间，情是何物，直教生死相许。天南地北双飞客，老翅几回寒暑。欢乐趣，离别苦，就中更有痴儿女。君应有语，渺万里层云，千山暮雪，只影向谁去。"

……

有越来越多的学生备了《唐诗鉴赏辞典》《唐宋词鉴赏辞典》在案头。一位学生在作文中说：就这样没来由地爱上了诗词，高三，所有的时间都沦陷到了题目里，可只要一抬头，那些美丽的句子，便微笑着提醒我，我们，依旧诗意地栖居在这个世界。

偶然和另一位老师交流起诗词这个话题，他说，他是这样开始的：如果你不爱唐诗宋词，那只能说明你很庸俗，如果你一点也不喜欢，那么，以后毕业了，请别说是我的学生。他和学生一起阅读的，是当代作家王开岭的文章——《在古代有几个熟人》。他对学生说，真的，如果你能在古代有几个熟人，常常一挑帘子就去串个门，那么，你不仅会发现，你的精神世界一下子就明亮了起来，而且，走在今世的繁华世界里，一不小心，还会在那并不多见的花草树木间，邂逅一首唐诗或者宋词。

原来，只要我们愿意费思量，可以有许多种方式让学生爱上诗歌。和学生一起爱上诗歌吧，生活，离不开乌托邦。我们，依旧可以诗意地栖居在这个世界。

这算不算是一堂好课呢？

~~~~~~~~

一天下午，一位任教其他学科的校领导突击行动，邀请我一起去听一位同事的语文课。这应该是一节没有事先做任何修饰的随堂课。

按惯例由学生推荐一篇其喜欢的文章，名为《松花酿酒，春水泡茶》，是一篇文字略有些晦涩的散文，并不特别适合朗诵。但读者和听者都挺投入。看得出，那位男同学颇有些孤傲。读完，听众送上掌声。老师评点如下：

文章初听有些小资，再听能朦胧觉到作者内心的诗意，而结尾则有点儿禅意，也许，这就是文字听起来略有些艰深的缘由吧。虽然这并不是一篇特别适合听读的文章，但老师喜欢这篇文章的题目，"松花酿酒，春水泡茶"，很美，令人遐想。你们也可以把它记下来。这个名字也当是一副很有意境的对联，它突然让我想起去年暑假的两次旅行，孙犁的故乡——河北，后来又去了云南——回来把它们奇妙地一组合，便有了挺精妙的一副对联："河北，黄河之北；云南，彩云之南"。

学生们都乐了。有个学生站起来说："老师，我也记得一副好玩的对联，是关于解缙的。过年时，他在门前贴了'门对千棵竹，家藏万卷书'，对门竹子的主人看着不乐意，便把竹子砍短了去，可这并没有难倒年少聪明的解缙，他在上下联中分别加了一个字，猜猜是什么？'门对千棵竹短，家藏万卷书长'。对门主人一看气坏了，索性把竹子全砍了，瞧你咋办。而解缙不紧不慢又各添一字：'门对千棵竹短无，家藏万卷书长有'。"

说到对联，学生有点儿兴奋。老师顺应形势，聊开了对联："既如此，春节也刚过，在家大多贴春联了吧？如果从内容上看不出上下联，怎么办？对联，一般是仄起平收的，还有……"

半节课不知不觉过去了。后半节课，这位老师为学生读了一篇自己刚从报纸上读到的文章：《并不遥远的传奇》。这是一篇读书笔记，读的是傅国涌先生编的《过去的中学》。老师一边朗读，一边适当点评，有时介绍其中的人物，有时会在行文的妙处稍作停顿，和学生一起品味，有时则补充自己的阅读感受。那些令人仰望的名字，周恩来、蔡元培、李叔同、夏丏尊、朱自清、丰子恺、朱光潜，在学生的心中闪着熠熠光芒。而昔日的校园时光，在今日读来真的带上了传奇般的色彩，阵阵惊叹之后却又带着万般惆怅，那些长者的回忆复活了一个时代的传说般的记忆。

听着学生有些夸大的叹息声，这位老师微笑着说："心向往之，然不能至，这些都已经成了永久的回味，不过也别那么惆怅，每个人的身边其实都有风景。看我们教室的阳台外，刚刚植上了光秃秃的小树丫，不知道这是什么花吧？它可是诗歌里的凌霄花，喜欢攀缘，待到绿叶葱翠，挂满栏杆，会有着怎样的美丽图景呢？而校园的入口处，也种上了许多新树，其中有几株，是枣子树呢，有空去看一看吧。若干年后，你们一定也会想念它们的，当然，还有我……"

在开怀的笑声中，一堂课就这样轻松地收了尾。一起往回走的时候，那位校领导感叹道："语文课真有意思！语文课真有诗意！语文课真好玩！"可过了一小会儿，校领导突然又想起一个问题：这样上课会不会影响教学进度呢？

是啊，这可是一堂高三的语文课。这算不算是一堂好的语文课呢？看似不经意的课堂到底有没有教者的匠心呢？事后和那位老师聊起，她淡淡一笑，悠悠地说，因为考虑到是下午第三节课，前面几天又连续讲知识点，所以就想给他们上一堂休闲的语文课，当然不可能每堂课都这样上，但也常会有这样即兴的课，内容比较随机。

既然如此，还有什么好担心的呢？轻轻松松之中，老师传授了对联知识、文化知识、写作小技巧，轻而易举地拓展了学生的视野，丰富了学生的情感，更重要的是，老师关注到学生的个性，不着痕迹地保护了他们的积极性，同时把大家带往精神的美好境地，对寻常的日子生出一份欢喜，也对远方生出一份憧憬与向往。这堂课看似随意，其实有心。

想起另一次的随堂听课。

在走廊上偶遇同事拿着周国平的《妞妞》去上课，出于好奇，便跟着去学习。同事上的是周国平的《直面苦难》。没有华丽的课件，没有热闹的形式，只带上了一本周国平的《妞妞》，书中有他阅读时留下的许多折痕。开场白大致是这样的：

对于我们很多同学来说，苦难是一个厚重却又遥远的词。汶川大地震带给多少人心灵上永远的裂痕！一个孩子在这次地震中失去了父母，失去了几乎所有的亲人，这是苦难，这样的苦难该如何承当？看过一个心理疏导的节目，面对自闭一言不发的孩子，我们的心理师没有喋喋不休的开导，没有过多的关切，而是彼此默默对坐了好久，然后，这位心理师对这个孩子说："孩子，来，我们互换一下角色，现在假设我是你，而你是我的妈妈，好好想一想，你会对我说什么？"沉默了好久好久，这个孩子终于开口了："孩子，好好儿活着！"

平静的叙述却让学生和我泫然欲泪。苦难，就是这样令人心碎的一个词。那堂课，同事运用的是最简单的读书还原法，因为他发现，《直面苦难》的真正出处，不是作者的诸多散文集，而是读来最令人心碎的《妞妞》。那些零零碎碎的，夹杂其间的文字，被合成了课本中的"直面苦难"。同事把《直面苦难》中那些深奥的抒情的哲理的文句，还原到了《妞妞》一书中作者亲身经历的苦难的过程之中，撕心裂肺，辛酸而冷峻。于是，这篇课文的许多难点都迎刃而解。

课堂沉静如水，却又凝重如石，而听者心灵的深处，却有着多少久久不息的汹涌暗潮！也听过其他人上这篇课文，形式的作秀多于对内容的真正解读。也许，正是因为去掉了背景，去掉了叙述的内容，去掉了语言环境，才有了许多老师在这篇课文的公开课上对于"直面苦难"诗化、口号式的误读吧——"苦难有什么可怕的，不经历风雨怎么见彩虹？"而我相信，在这一堂看似简单的语文课上，学生和我一样，在这位老师的朗读还原里，都真切地明白了文中的一句话："一切美化苦难的言辞是多么浮夸，一切炫耀苦难的姿态是多么做作！"

这又算不算是一堂好课呢？课堂形式是如此简单，不过就是把《妞妞》的一些段落相应地读读罢了。一直记得曾有理科的老师在听过一些语文的公开课后，开玩笑似的说："语文课最好上了，拿两篇文章去读读，放两张图片，让学生说说，放一点视频，听听朗诵，多容易啊！差不多我也会教了。"多么可笑！这正是"内行看门道，外行看热闹"的绝好诠释。一堂好的语文课，不管形式如何，都会有一个共性：在不知不觉中，带人入境，令人心动，引人思考，激起阅读或写作的兴趣，唤起生活更多的热情。要做到这些，不管是随堂课还是公开课，教者都会用心思考：选用什么样的课外拓展呢？想要用它来教给学生什么呢？运用哪种教学方式最自然呢？课堂上可以有怎样即兴的发挥呢？……

思考选择的过程才是真正的难点，也最能体现真正的功力。正如有些散文，看似写得散散淡淡，读来却有百种滋味，极耐咀嚼。而要做到这点，绝非一日之功。课堂中的那些安排，正如散文中的一些细碎闲笔，仿佛漫不经心，可能却正是作者的神来之笔，别具用意。所谓闲笔不闲。

想起自己刚刚结束的一节语文课。走进教室时，突然发现讲台上多了一盆不知名的小花，在这乍暖还寒的初春时节，那水粉色格外亮眼，我好奇地问它的名字，学生告诉我是"水芹牡丹"，因为叶子像芹菜，花朵似牡丹。有些怅然，早知道是这样的名，还不如它没名呢，亦可在心中留存些许幻想。这么一转念间，便想起刚读过的《想象的穿透力》一文，立刻去隔壁的办公室拿来文章，用其中的一段文字和我转念间的思绪一起，作了这堂语文课的快乐引子：

多年前，是一个深夜吧，当我知道"采薇采薇"里面的薇就是遍布山野的嫩豌豆苗时，非常怨恨。好比一直与一个人通信，与他谈道论艺，诗来书往，待到某日，忽然见了面，禁不住含恨想撞墙一死——原来这个人就是隔壁邻村里二大爷家的狗顺子。他既然叫了狗顺子，就不应该跟我谈论这些高雅的玩意儿；或者本不应与他见面的，且一直谈下去……

就这样开始一堂语文课，是一件多么愉悦的事！

一首古诗的两种教法

~~~~~~~

未展芭蕉

钱　珝

冷烛无烟绿蜡干，芳心犹卷怯春寒。

一缄书札藏何事，会被东风暗拆看。

　　很喜欢唐代诗人钱珝的这首《未展芭蕉》。诗人把未展的芭蕉比作绿色的蜡烛，比作怯怯的少女，比作封口的书札，它等待着春风的吹拂，来一点点舒展自己美丽的身姿，好比暗藏的心事，会随着时间的推移，渐渐地坦露。这几个富有想象力的比喻把未展芭蕉描写得生动形象，整首诗读来亲切而富有趣味。可每次讲解第一句的时候我总感觉有些勉强，"绿蜡"固然形象，但为何是"冷烛"？为何要用"无烟"修饰？难以说清。翻开《唐诗鉴赏辞典》，上面也是模糊地一笔带过，而对"绿蜡干"的"绿"字进行了特别的赏析，认为其新颖别致，但芭蕉叶本来就是翠绿色，这处赏析并不令人信服。

　　恰好学校有两位高三的同事开设关于诗歌复习的公开课，他们都选用了这首小诗，且都运用了独到的方式进行讲解。他们的课堂，在令我豁然开朗之余，也让我颇有所思。

　　一位老师是以芭蕉这个意象为中心的。"流光容易把人抛，红了樱桃，绿了芭蕉。""是谁多事种芭蕉，早也潇潇，晚也潇潇。""是君心绪太无聊，种了芭蕉，又怨芭蕉。""窗前谁种芭蕉树，阴满中庭，阴满中庭，叶叶心心，舒卷有余情。""芭蕉不展丁香结，同向春风各自愁。"……翠绿的芭蕉叶阔大美丽，芭蕉叶后的故事也有趣迷人，而雨打芭蕉，听在愁人的心中，更是一点芭蕉一点愁。借由一句句动人的诗句，教者娓娓地告诉学生，芭蕉这个意象，在历朝历代都深受诗人们的喜爱，它的身上承载了不同的情思和情意。芭蕉，是一个美丽的意象，芭蕉，也是一个凄凉忧伤的意象。在这些充分蓄势的基础上，教者抛出了这首钱珝的《未展芭蕉》，要求学生进行赏析。而在课堂的收尾，教者延伸的是现代诗人邵燕祥的一首小诗——《沉默的芭蕉》：

芭蕉 / 你为什么沉默 / 伫立在我窗前 / 枝叶离披 / 神态矜持而淡漠 / 从前你不是这样的 / 在李清照的中庭 / 在曹雪芹的院落 / 你舒卷有余情 / 绿蜡上晴光如泼 / 近黄昏，风雨乍起 / 敲打着竹篱瓦舍……

在美丽文句袅袅缭绕的余味中，课堂画上了一个接近于完美的句号。

这堂课的精彩，在于教者的阅读广度和巧妙的课堂构思。就如一篇思路清晰，行文优美的文章，这堂课以芭蕉为线索，带给我们芭蕉的相关内容，大大拓展了我们的视野，诗意散文的课堂语言则带给我们美的享受。唯一的遗憾是，这堂课中，钱珝的这首诗并不能算是主角，它只是和其他所有的诗词一起，为学生构筑了一个关于芭蕉的美丽梦境。我的困惑依旧存在，教者提到了这首诗对于芭蕉的描写，视角独特，比喻传神，但到底独特、传神在哪儿，似乎还未解说到位。

记得教者当时抛出的题目之一是，"前两句是怎样刻画未展芭蕉形象的？试联系诗句简析之"，在学生的交流探讨之后，教者提供的答案是"首句从形状和色泽上描摹未展芭蕉的形状，像一支没有点燃的绿色蜡烛。一个'冷'字，写出了未展芭蕉外表的冷峻；'无烟'二字，写出了其外表的平静端严。"这正是《唐诗鉴赏辞典》上提供的答案。这个答案，似乎也能说通，但总让人心中有些疙瘩，感觉不大自然，"冷峻"和"平静端严"这样的评价，着实有些牵强附会，与整首诗的意境、情趣似乎不大吻合。

而另一位老师的课带给我更多惊喜，因为他简洁的课堂恰恰弥补了这一小点缺憾。他借助的全部，是他亲自拍摄的几张芭蕉的照片。

我们的校园里长有几株芭蕉树，其中一株，很高大，枝繁叶茂的时候，有一层楼那么高。我常常会隔着一扇大玻璃窗从它身旁走过，偶尔会停下来，欣赏它阔大而翠绿的叶，心中掠过一丝赞叹，读过钱珝的诗后，偶尔也会留意一下那尚未展开的新叶，它紧紧地包裹着自己，果真，如烛，如卷起的书札。然而，就是这株我自以为很熟悉的芭蕉，在这位老师展示的未展芭蕉的特写镜头里，却让我大大地吃了一惊。原来，在每个芭蕉卷叶的顶部，都有一段极细极细的黑线一般的茎蔓，缠缠绕绕地，像极了燃烧过的黑色烛芯。再看，即使是完全舒展开的芭蕉叶，那根黑线也依旧存在。大概是因为芭蕉大都生长在某个角落，远远看去，它的叶又过于阔大招摇，抢去了观赏者太多的目光，那根极细小的黑色茎蔓便很少有人会留意到了。而唐代诗人钱珝，当初面对一株芭蕉沉思，吟哦，叹赏，一定是近距离的，也一定是看得极为细致投入的，所以才会有"无烟冷烛"之比。看清了未展芭蕉的真实容颜，一切困惑，迎刃而解。"绿蜡"，用得真是再贴切不过了。这首诗的无穷意趣和比喻的生动形象，在这位老师独特的镜头视角下，一览无余。

未展芭蕉　高东生摄

简简单单，学生就理解了这首小诗的内容，喜欢上了这首小诗，正所谓"四两拨千斤"。这位老师的高妙之处，不在于课堂的形式，不在于技巧，而在于他对这首诗有属于自己的认真解读和深层的思考，他没有停留在权威的赏析文字里，而是通过自己深层的思考和细致的观察找到了令人信服的答案。

广度和深度，是我们备课时所追求的两种方向。第一位老师有比较深厚的功底和广阔的阅读层面，如邵燕祥的那首《沉默的芭蕉》，并不为太多的人所知，用这首小诗作为收尾，自然妥帖，尽显教者匠心。广度所考验的，是我们平时的积累，备一堂课，需要的不只是当下的一小段时间，更在于平时的阅读和有心。第二位老师，并没有运用任何拓展，却轻松地突破了这首诗的难点，他的课堂提醒我们，对于所教内容，老师自己一定先要读懂读透，不迷信现成的答案，不迷信权威，自己要去认认真真地探索。这，体现的是一种深度。有了教者自己的深读，课堂才能化难为易，讲解才能深入浅出。

一直记得自己刚工作没几年时开设的一堂公开课，讲《〈论语〉六则》，那时还没有电脑，查找资料很不方便，我借助自己的阅读和藏书搜寻了大量的素材，设计了许多自认为颇有创意的玄虚环节，虽然那时并没有现代先进的多媒体设备，但一堂课还是上得五彩斑斓，颇为炫目。听课的老师评价似乎也还不错，但我导师私下的一句话，却让我百思不解了好久，他说："课堂挺热闹，但你好像把简单的东西讲复杂了。"

随着时间的推移，也随着自己对教学的思考和探索，我逐渐明白了这句话的含义。现在，听许多年轻老师的课，也常有此感。他们的课堂，一开始往往有声有色，热热闹闹，图片、视频、朗诵配乐、名家的各种精彩观点……大量的拓展，丰厚的内容，让人应接不暇，可是课越上到后面，听者却越迷糊，学生也越沉闷，大量的没有逻辑的拓展如一个又一个炮弹，把学生给炸得悄无声息。电脑、网络，让我们的备课变得越来越方便，一个百度搜索，就有许多个教案、许多种资料等着选用，但我想，方便并不意味备课的难度减小，寻找和删选，是广度和深度兼顾，它更需要一双慧眼、一颗匠心和一份独立思考的能力。唯有那样，才能众里寻它千百度，却原来在灯火阑珊处。

所以，唯有广读和深读相结合，教课才能深入浅出，而不是像现在的许多课堂，老师浅读，却在深教。

做一个语文老师的幸福

~~~~~~~~~

语文课到底教给学生什么呢？这是我常常想起的问题。

有人说，语文老师到底有什么用呢？学生三天不上课，一周不上课，一个月不上课，考出来的成绩也未必差，说不定还高了呢，由此可见，语文老师是可有可无的。还有人说，语文课最好上了，读几篇文章，弄几张图片，随便讨论两下，一堂课就差不多了。

恰好听了这样的一堂课，可不知为什么，心中挺感动的，似乎找到了某种答案。我想说，即使我不是一个语文老师，这堂课带给我的，最真切的感受依旧是，做一个语文老师，是幸福的，坐在这样的语文课堂里，学生是幸福的。也许，这种幸福，还化作了一颗种子，悄悄地，长久地，落到了某些学生的心田里。

是学校高三年级陈凤娟老师的一堂作文讲评课。作文题目是《穿越》。

老师的开场白很简单：

读了同学们的这次作文，才发现我们班有一群爱做梦的同学，请看这些开头或结尾——"做了一个梦""穿越历史""来到大户人家""玩遍古代""梦醒时分"……

她诙谐地指出了这次作文中存在的最大问题——雷同的选材，简单的思维，导致习作过于模式化。在审题上，借助于和学生探讨，她简要精当地指出，穿越的主体可以是肉身，也可以是心灵（精神），所以穿越的对象可实可虚，而在重视穿越主体和穿越对象的同时，不该忽略"穿越"这个过程。

　　课堂的重点是两位同学的习作。请同学自己起来朗读，其他同学评点，老师则加以恰当点拨和深化。第一篇，写的是一个孩子一人在家时，喜欢盯着一个小孔看，不断地猜想外面无边无际的精彩，奢望穿越小孔去往缤纷的大千世界；长大了，身处孔外的光芒世界，发现却和原先想象的大不一样，有形的墙不再能围住自己了，自由、梦想却被更多无形的栅栏圈住了，甚至，一并圈住的还有年少的向往和好奇心，所以，想重新来一次穿越，重回那个有着无限好奇、无数未知的年岁。一个少年，在回望孩提时代的梦想时，发出了这样的感慨："穿越，原来只是命运设置的一个局。"第二篇，小作者主要发挥了自己的阅读优势，并写出了自己的独特思考。"在汇聚了无数死亡的时间之河里，我穿越整条河流，注视着，唐人不再重复汉人的诗句，宋人不再重复唐人的诗句，而清代的曹雪芹终于放下了诗而拿起了小说……"小作者由衷地感叹："幸亏造化在给了我们死亡的同时，也给了我们想象的智慧和力量，由此，除却生命坠入黑暗冰冷的寂灭，还有动人的喧哗，那是文字留下的。如果我们能锲而不舍地在文字的空间里穿越，那么，终有一天，我们会有幸在一行诗里，在一个瞬间，穿越时间与空间，与人共度岁月千年。"写得多么好，教室里不由自主地响起了掌声。

　　探讨完内容，老师说，当掌声响起，我知道，你们感受到了文字的魅力、思想的魅力。她是用叶圣陶的一句话来小结的："通过写作关，大概须在思想认识方面多下功夫。思想认识是文章的质料。"她还用了几米的诗作为延伸：

　　每天有一段时间／我才华横溢／创作动人的作品／还拥有年少的青春与美丽／每天有一段时间／我醒来／对窗沉默

　　在这样的课堂上，我们怎么会不爱上阅读呢？阅读是多么美丽的事。在这样的课堂上，我们怎么会不想去试着思考呢？思考使得我们如此与众不同。在这样的课堂上，我们怎么会不爱上表达呢？原来，寻找语言的魔杖，就可以把平淡的生活点石成金。

课堂的精彩并没有就此画上句号。最后一个环节，是她自己的下水之作。她说，因为几篇优秀习作中都比较注重"哲思"，同学们已经充分感受到了思想的力量，但这样的题目，也可以以"情思"动人，寻常的素材，写得真挚，同样动人心怀。

她写的是一篇怀人散文，怀念离去的外公。文章的立意并不新颖，却在一个又一个独到的细节里，一点一点铺陈出作者的浓浓的情思，打动了听者的心。

她是这样来开头的："大学毕业后，我和你的通信越来越少了。也许你觉得我已然独立，可以放手了吧。除了逢年过节偶尔探望，我也很少去看你。后来，结婚、生子，岁月静好。几年的光阴就那么逝去了。"中间部分，外公离开了，无限怀念，她写道："常在晴好的日子里远眺，高远、清蓝的天穹，天尽头是纤尘不染的，我把你安在那里，最纯洁、美好的地方。""每逢清明，我都使劲地烧着纸钱，风过，纸灰如黑蝶般漫天飞舞，我不知道，会不会有哪一片被你轻轻接住？"……结尾，是情书一样深情的文字："相隔千里的恋人写道：'我在地图上看到你了，并触到你的温暖。'以前一直不懂，一个地名也会牵引万般情思。可你走后，我懂了，因为你所在的地方——上海，成了一个意味深长的地名。我知道，无论我怎样呼唤，无论我用哪种形式，生死都无法穿越。那么就让文字铺设一条捷径吧，外公，我正用笔，热切地向您走来。"

听着听着，我竟和作者一样，要落泪了。下课的铃声恰在这时响起，像是给这堂课留下了一个意味深沉的结尾。

我起身离开教室，不知道为什么，我并没有想要去和上完课的她交流些什么。走在回办公室的长廊里，我心潮起伏，我也想去写点什么，想去打开某本书，想静静地坐在某个地方，对窗沉思默想，不被人打扰。

这堂课，老师给予了学生什么呢？有些老师在写作指导时喜欢条条框框地归纳出一二三四五多种方法，这堂课没有。有些老师用心良苦，精心设计像解数学题一样的写作步骤，这堂课也没有。但是，这堂课是大有方法在的，虚和实的运用，老师点拨得很到位，素材的与众不同，在于人内心深处的哲思和情思，老师的提醒也恰到好处，而真实的情感，如何优美地表达，才能点过读者的湖心，老师已经用自己的文字作了最生动的诠释。写作的方法，固然可以清晰地说出，但在实际运用中，更在于某一瞬间的心领神会，而不是按部就班——对照而行。老师在写作上的指导，更多在于激发和引导，具体过程需要学生在实践中反复琢磨和意会。罗列一二三四的方法是简单的，而带给学生的一点心动却极为难得。这堂课，感性和理性并存，老师的设计不露痕迹，借用了三篇文章，巧妙地给予了方法，悄悄地给予了情感。而更重要的，学生一定也和我一样，在她的文章里读到人世间美好的情怀，读到一颗安静而丰富的心。这难道不会于不知不觉中让学生爱上阅读和思考，心灵也趋向成熟和美好吗？

只是学校一堂普通的公开课，她却为学生写了这样一篇精彩的示范习作。不，她也许不只是为学生而写，也在为自己而写，在写的过程中，她的心灵是丰盈的、充实的、幸福的。你甚至可以想象，在某个夜晚，在完成零碎的家务之后，这位老师静下心来，坐到电脑前，慢慢地敲打下一点点沉淀在心中的往事，那样的夜晚，是多么沉静又多么优雅的时刻，在那对窗沉默的瞬间，静默的心灵，已然穿越了千山万水。

这样的课堂，让我们懂得，原来，我们的生活不只需要分数和教科书，更需要心灵丰富而享受的时刻。拥有了这样的时刻，我们才可能更好地感知这个世界。

恰好近来在阅读周国平，突然就在他的文字里找到了答案：

说到梦想，我发现和许多大人真是讲不通。他们总是这样提问题：梦想到底有什么用？在他们看来，一样东西，只要不能吃，不能穿，不能卖钱，就是没有用。……可是，正是对看不见的东西的梦想驱使我们去寻找，去追求，在看得见的事物里发现隐秘的意义，从而觉得我们周围的世界无比美丽。其实，诗、童话、小说、音乐等等都是人类的梦想……

我忽然得出一个答案，也许，一个好的语文老师，和他所教的诗、散文、小说等的作用是一样的，他带给学生的，在技术层面上也许没有数理化那么多，也没有那么直接和功利，却往往能够更多地触及心灵层面，能给予学生非凡的眼界，能给予学生一颗日渐丰盈的心灵，这是一种更为缓慢而更为长远的影响。

所以，语文和语文老师是无可替代的，因为他们能帮助学生寻找到幸福。

当然，让我们的语文和语文课堂变得幸福，不是一件容易的事，它要求我们语文老师先寻找到幸福。喜欢作家曹文轩说过的一句话：阅读是一种优美的姿态。那么，就让我们每一个语文老师，从热爱优雅的汉字开始寻找吧。

"示弱"与"示范"

~~~~~~~~~~

听一位老师的公开课，执教经典篇目《氓》。

听完有一种奇怪的感觉。一开始，觉得这位老师的教学基本功很一般，课堂语言过于平实，缺少渲染力，表达技巧也欠缺，缺少趣味。课堂设计也较简单，前后主要借助两种朗读方法来把握人物形象，加深对文本的理解，又通过加深理解来促进学生朗读。可听到后来，却有渐入佳境之感，因为能明显感觉到所有学生学习的投入和朗读上的进步，而且，课堂也没有成为老师和个别学生的才艺展示。观察下来，这堂课竟似乎比一些老师有深度解读或者教学设计环环相扣的课，效果要来得好一些呢。

正不明所以，旁边一位听课老师嘀咕了一句："好像这位上课老师挺弱势的。"

顿时恍然。这堂课的妙处，就在于老师的"弱"。以前半节课为例：课堂从学生齐读开始，然后，老师让学生自读，对每一小节分别用一个字来概括主人公的情感，结论是"喜，盼，悔，怒，怨，决"，再从"气"和"声"的角度让学生探讨如何用好"气"和"声"，以便把握好朗读节奏，最后确定相对应的"气"和"声"分别是"徐，满，沉，急，粗，少""柔，高，缓，高，硬，平"，在此基础上，老师要求学生结合情感，把握好"气"和"声"，自我琢磨，自我朗读，寻找感觉。在学生反复的自我体验之后，老师请学生起来自由朗读，请其他学生来评判好坏并说明理由，再根据理由请评判同学作示范朗读。这样的反复诵读之后，老师让学生听录音，两相比照分析，最后请几位同学个体朗读和小组诵读。效果非常明显。

在占时半节课的朗读环节中，这位老师除指导之外，言语不多，也没有自我示范朗读，基本都在静待学生，扮演的角色很轻松，而学生一直在琢磨、诵读、体验，学习状态一直处于紧张之中。想起很多公开课，执教老师好像一直忙着提问、提示、展示，不停地在表述，很少有安静的时候，而学生呢，恰恰相反，很淡定，甚至无事可做。还有一些课，只是几个表现突出的学生在跟着老师一起展示精彩，大部分学生充当鼓掌者、欣赏者。而这一节并不算很出彩的文言诵读课带来的良好效果不能不令人深思。

记得有一次，听完唐江澎老师一堂极其精彩的公开课之后又听他谈构想，也很受触动。他说，课堂上老师要学会倾听，要真正地听见学生的声音，发现学生的需要，而不是假装在听。什么是学生的需要？他举了一个例子。他说演讲是他自己的强项，但在教学马丁·路德金的《我有一个梦想》时，他没有选择为学生作示范演讲，虽然他有足够的把握震慑住学生，但因为担心自己的演讲会限制学生的思维，所以他收起自己的长处，选择退到幕后成为一个观察者，努力寻找能更好发挥出学生主动性的教学角度。想想自己的课堂，有时因为学生思维太简单，不由自主就会滔滔不绝一番，有时还会忍不住秀秀自己的文笔，接受学生的崇拜，以为这样能给学生以很好的示范。但事实是，我们永远无法替代学生自我学习的过程，学生如果只是观众或听众，课堂的热闹精彩过后，老师"秀"过的精彩也就随风散去了。而在老师的"示弱"课堂中，学生更多是参与者和体验者的身份，自身收获有时反而更多。

恰好，之前听身边的一位老师讲评学生随笔，感觉这位老师在"示范"和"示弱"上也颇为用心。老师布置的随笔话题是"春天里"。班级里有一位不善言辞的男生在随笔中记录了周末发生的一件真实的小事，拟题为《不再辜负你一丝一毫》。正值高三一模结束，这位男同学成绩很不如意，心中惆怅，一路上，一直在担心如何向父亲解释，回到家，竟发现父亲特别开心，晚饭做了不少菜，由于身体原因已经许久没有沾过酒的父亲，这天竟破天荒喝了两杯，正在这位男同学想不明白父亲到底唱的是哪出时，父亲的问话为他解开了谜团。原来，是那位父亲在读学校发来的成绩短信时理解错误所致。短信上的内容是"您的孩子数学130分附加30分"，父亲理解为孩子数学总共考了 160 分，所以格外兴奋，当那位男生讷讷地解释"130 分就是总分已包含了 30 分附加"时，父亲一下子呆住了，喃喃道："短信明明是那样写的啊……"

一个很普通的生活小片段，听来让人心酸。待那位男生和大家平复好心绪，老师理性地带领大家回到作文话题"春天里"，客观分析后，发现所写虽然真挚，但和话题有些不搭。不仅如此，这位男同学平时作文有好几次偏题。鉴于此，这位老师事先在征得这位学生同意后，已经把这篇文章转发给了班里一位作文水平很好的同学，要求她仿那位男同学的口吻，在不改变生活素材的基础上围绕话题"春天里"修改那篇文章。那位同学答应了，她很尊重原作者，修改文字不多，只在文章开头、中间和结尾添加了相应的春天这一环境的简笔描写，最后又虚写一笔"春天"来点题和升华，完成了一篇佳作《不负春光不负你》。

听过一些作文升格课，每每到最后，为展示精彩，老师事先都会亲自操刀，升格出一篇优秀作文，示范精彩，赢得掌声。相比较而言，这位老师的做法更为别出心裁，那几处修改，于老师而言信笔可得，但她却退到幕后，转由学生来作示范，这样既能让大家明白问题所在，又能激发出学生的学习热情。

课堂中，老师懂得示弱，学生才能成为主体，成为课堂上的当家之人。我们承认，老师的示范不失为一种很好的指引，但老师的示范不宜过多，更不宜越俎代庖，最好多些过程多些方法多些意识，少些结果。身边有几位很有特点的同事，就很善于示范。其中一位喜欢写作的老师在每接手一个新班级的语文教学时，一定会把她的几大本摘抄本带去教室，告诉学生，她的写作和摘抄密不可分，摘抄是一件很美妙很神奇的事。还有一位老师，写文章不喜欢用电脑只喜欢用方格纸，他有时会把自己文章的原稿和修改稿拿去教室实物投影给学生看，让学生明白，"文章千古事，得失寸心知"，好作文真的是一遍遍改出来的。还有一位老师，常常会和学生分享生活中自己的奇妙小发现和小趣事，他是想用极其自然的方式不露痕迹地为学生示范，要学会运用自己的眼睛和心灵去看去体验，要成为第一个发现者，而生活的趣味不仅来源于生活本身，更来源于自我的心灵。

就像懒妈妈造就勤快女儿一样，在课堂上，老师也要学会"示弱"，甘于"示弱"。如果本身的基本功不很过硬，表演能力不强，课堂缺少艺术性，那"示弱"不失为一种好方法，不过，课堂设计上要多些具体的方法，让学生学有抓手，让学生的手、口、耳、脑真正动起来，否则就可能是真弱了。如果老师"读、思、写、说"等方面的专业素养足够强，也要多藏巧多露拙，从而给予学生足够多的施展空间和时间，只要"示范"的底气在，你的课堂自会更加从容。而"示弱"，则是一种智慧，也是对学生的一种尊重。

为课堂拟一个好听的名字

~~~~~~~

　　前一段时间连续听了几堂公开课，其中两堂于结尾处不约而同采用了同一种方式——请为本堂课拟一个好听的名字。这个特别的环节给听课老师留下了深刻印象。

　　一堂是诗歌教学课。教者所做课件的名称颇有诗情画意，为"古诗秋意"，课堂以六首与枫叶有关的古典诗歌作为所授知识的载体，讲述"枫叶"这一意象所承载的多重含义——叶之"色"，叶之"情"，叶之"思"，叶之"趣"，问答赏鉴之间，老师循循善诱，学生步步领会，听者和教者皆渐入佳境。在最后几分钟，老师要求学生根据自己对这一堂课的所学和所悟，为课堂拟出一个好听的名字，学生的热情和参与度极高，诗意的浸染本已把他们带到诗的边缘，一切自是水到渠成，学生给出了许多颇富意趣的好名字："红叶寄深情""相思红枫""一叶知秋意""叶之韵""秋韵""秋天的舞者——枫"……

　　另一堂课的主题是"作文拟题技巧与训练"。教者一反常规，无一处刻意传授技巧或方法，而是借助幽默智慧的课堂语言、许多生动有趣的文章标题，营造出一个极其轻松快乐的课堂氛围，既活跃了学生的思维，又让学生对好标题有了一个充分感性而直观的认识，从而收到了良好的教学效果。让听课者特别难忘的是如下几个小镜头：

　　老师在黑板上用线条画了一个长方形的图案，又于中间添上两条水泥杆一样的横线，然后在横线上简笔画了两只可爱的小鸟，背靠着背，彼此间相隔了一小段距离。老师告诉学生，这幅画是岁月沉淀后的记忆，让人难忘的并非画本身，而是画下方别致的标题。老师要学生想一想，那会是什么样的标题呢？学生的答案五花八门：小鸟，两只小鸟，第三只小鸟，距离，孤独，赌气……谜底揭开，当年这幅画的标题竟然是：第一次约会。这个例子之典型之生动，在学生破窗而出的大笑声中已是不言而喻。细细咀嚼一下，还有什么题目比这个名字更有趣味更耐人咀嚼呢？

而后，老师用简练的语言为大家讲述何立伟的小小说《洗澡》，主人公老何在生活和工作中身心疲惫，对人世陡然心生茫然和厌倦，极偶然地，他在路边一所房子里听到叮咚的清丽琴声，心头似有小溪流过，宁静而愉悦，于是，下班之后，他习惯了到那所房子旁溜达一会儿。有一天他正在琴声中发呆，其妻路过，一声大喝，问他究竟在做什么，老何想了想，答曰——洗澡！故事到这里戛然而止，留给人无穷回味，回味之中，学生恍然，这篇小小说的题目，正是精彩在一份独到的匠心之上。

类似的小镜头，让课堂掀起了一个又一个小小高潮，在这样活泼而自然的感性体悟之中，老师顺理成章给出了两个训练题目：以"书籍"为话题拟一个好听的作文题，为本堂课拟出一个或幽默或生动的名字。有了那么多渲染作为铺垫，这个结尾，自然是丰富多彩的：

"书籍"："生命的阳光""心灵的鸡汤""有书不会输""看得见风景的窗户""与大师对话""书，好香""不愿说再见""一书一世界""有书的冬天不会冷""以书作枕梦亦香，三更有梦书为枕""书，飞行的翅膀"……

"课堂"："快乐的作文课""好题文一半""飞（思绪）""轻轻松松把题拟""但愿你会记得我""我为你微笑""心动瞬间"……

一堂课结束，让学生用一句精彩的话来收尾，无疑是两堂课的亮点和高潮，它不仅体现出老师教学设计的匠心独运，更展示出学生在短短一堂课上的所学、所思和所获。

一堂好的语文课，是该有一个动听的名字的！听完两堂课，这句话一直在心中来回盘旋。就如文章的名字一般，它或者是主题，或者是悬念，或者是故事本身，又或者是某种情愫……为自己的课堂拟一个好听的名字，其实就是在为自己的课堂寻找一个巧妙的立意，设计一个精彩的过程，也是在为课堂的内容准备一些精彩的细节，这些细节的妙处，正在于看似信手拈来，

背后却煞费了教者的一片苦心。

　　这个动人的名字，可以借助某个环节呈现出异彩，就如上面所举两例，但更多的时候，它藏在教者的心里，它可以是备课之时的苦思冥想，亦可以是备课之后的深刻反思。记得自己每每开设公开课的时候，总不惜花费诸多心思，为自己的课堂拟出一个生动别致的题目："秋风吹成的一次妙想""生活，生活，我爱你""诗歌，想说爱你也容易""日记——时光里的美丽瞬间"……而如果我们对于每一节平常的课，也都能够在心中或笔下留下一个动听的名字，那么，我们自然会习惯于为每一次的课堂文章寻找生动的情节以及展示情节的方法；那么，每一次，学生必然都会在快乐的情节之中获得一笔丰厚的精神财富。

阅历是最好的注释

~~~~~~~~~~

　　面对一首首精妙的古诗，学生仰天喟叹：诗歌诗歌，你的柔情我实在不懂！老师思思又觅觅，得来几个秘方，轻轻抛给学生：莫怕莫怕，有了这些秘方，想说爱她也容易。

　　这，是一堂语文公开课——《如何读懂一首诗》的课堂教学航标。老师选择了《渔家傲·塞下秋来风景异》《题都城南庄》《竹里馆》《邯郸冬至夜思家》等几首有代表性的古诗词，和学生一起探求出了读懂一首古诗词的几个妙招：

　　留意诗词前后的小令小注；

　　留意诗词的题目含义；

　　留意题干要求中的暗示信息；

　　学会串联组合，或借助寻找人物、时间、地点等因素来组合诗歌中的故事，或抓住种种意象组合成立体画面……

　　这些妙招果然有些实用，课堂如行云流水，潺潺涓涓；学生像活跃的山雀，叽叽喳喳；热热闹闹之中，他们一下子就握住了撩开诗歌神秘面纱的"小竹挑"。读懂一首诗，原来可以变得这么简单。

　　开始欣赏到我喜欢的《竹里馆》了——"独坐幽篁里，弹琴复长啸。深林人不知，明月来相照"。可是，意想不到的一点小故障，差点让授课的老师呛了水！点拨疏通大意之后，老师点一位男同学来小结该诗的妙处，是位大胆活泼的男同学，他挠挠头，微微有点羞赧：老师，除了语言的清新，我觉得它太平实，平实得让我觉不出它有值得我们推崇的妙处！

教室里一下子悄然无声。

作为听课者的我暗暗有点幸灾乐祸：谁让授课老师把感性的东西理得如此井井有条，诗歌营造的氛围意境原本就像一个画室，凌乱中含着芬芳和智慧，多了洁净，少的就是味道。"小竹挑"固然实用，却撩去了朦胧，撩走了"月下美人"的意蕴。

且看你如何收场！

是恼羞成怒，批评学生的不开窍，还是为平息事故对学生循循善诱，步步为营，逐渐引入设置好的答案之套，或者窘迫难堪之后，索性程序式地把《唐诗鉴赏辞典》中的文字重述一遍，等待学生礼节性的认可？

没想到这位老师竟然丝毫没有与之强辩的意图，只是微微一笑，娓娓道来一席别样的话语，令人耳目一新：

说得好！这应该是你们最真实的感受。就像一位牙牙学语的孩童，在背诵"谁知盘中餐，粒粒皆辛苦"时，其实心中并无真正的触动，因为他们还从没有为米粒掉过汗水，因此不可能体味老农的艰辛。王维的这首诗，运用白描式的语言，不夸饰，不张扬，平静地叙述他向往的淡泊恬静，而你们正年少，想的是大鹏展翅，欣赏的多是激扬文字，要理解该诗背后的千言万语，也许得在将来的某一个陌生时刻，那个瞬间，你与她又一次擦肩而过，却突然对着她驻足，沉默不语，心中却已是波涛万千，波涛里层层叠叠的，都是说不出的一个"好"字！

所谓方法妙招，正如红娘，只是引你和她相识，若要相知相恋，需要时间，也需要缘分。所以说，读诗，其实是一种过程，现在，我只教会你们读懂能懂的某些层面，其他就由时间来为你们作累加吧。

这一番话，我已分不清哪些是她的表达，哪些是我的共鸣，却"一语惊醒梦中人"！

想起深秋的那个清晨，我走过学校的诗歌长廊，看到一幅淡如菊的写意画，配着王维的《竹里馆》，猛然间就懂了王维，懂了《竹里馆》的情韵，羡煞了诗人有那样的勇气，可以逃出芜杂的尘世间，和明月为伴，和清风作友，自由地引吭高歌，仿若遗世人独立，静美之极，同时，我又在那幅想象的图画里，咀嚼出百般的孤独和没有边际的无奈。

想起春日的那个中午，我和同事一起下班，并行的一小段路上，同事用地道的普通话吟诵起他读过的一首小诗：

昨日在路边捡来一句话
莫等闲
白了少年头
归来挑灯细看
原来是四五十年前
我在上小学的路上
随意丢的

空悲切三个字
因为当时还不明白
便留在口袋里
今日翻出来
本想重新合在一起重新品味
不料那悲切二字
在情急之下已经用了
只剩一个空字

他的语音干净而语意淡薄，似乎不带一丝儿情感的杂质，可是，一句一句地，却像大海清洌洌的波涛，一下一下地，拍打着我的心，让我在热闹嘈杂的人行道上，忽然就觉着了几分人生的落寞。

"莫等闲，白了少年头，空悲切"，这是年少时家长和老师催我们捉住时光的口头诗，我们牢牢地记住了它，甚至还记住了与它有关的"沧海桑田、光阴荏苒、日月如梭、白云苍狗"等诸多词语，可那时的我们，却怎么也咀嚼不出人生的无奈和酸涩，因为我们分明觉得，青春的年华里，是总也挥霍不掉的"匆匆复匆匆"。黄发的那一刻，对于垂髫的少年，实在有如异国他乡的码头之于偏僻山村的孩子一般，遥遥不可及。

……

是在拥有了诗中的某一个片段、某一个类似的瞬间后，我们才猛然发现了诗人的高妙之处，那种真切地拥有着却言不能及的某种飘然思绪，原来早被旧时相识一语道破，只是相隔如许年后，才让一个无言的凝眸超越了别人千字的讲解。

不必把所有的层面都一一剖析灌输给学生，亦无须为学生的淡漠着急，有些空白的画面我们只能等待时间来填补，因为生活阅历才是诗文最好的注释。

阅读小辑

被一本好书俘虏

冬天的童话

去看一片白桦树林
曾经被它金色的羽衣璀璨过内心
被那无数挺拔的诗行
打湿过双眼

冬先从这里走过了
枝头的热闹和喧嚣都隐入了大地
阳光把温暖和明亮
都写在了仅剩的一片叶子上
闪闪发光地打量着路人

突然发现
冬天才是最温柔的时刻
它把一棵树的心事
和人类的秘密都裸露了出来
童话
原来都是用寂寞写成的
而写着写着
有些美好就发生了
比如
那时光里的一道小小疤痕
伴着旷野里的明月、落日和云朵
已悄然长成寻找松果和游戏的
松鼠模样

冬天的童话　郭静娟摄

我喜欢轻翻书页

许多时候，我喜欢轻翻书页。这一页，那一页，随意而跳跃。在阳光下，在滴答的雨声里。在无课的午后，也在安静的夜里。

家和学校离得很近。从校门到家的那一段路，零星而又恰到好处地长着些花树。我喜欢那棵高大的香橼树，一年四季它总是茂盛着。我也喜欢看那些海棠或樱花，在春天里一点一点地冒出红绿的芽叶，又渐渐酝酿出相思豆一般的花苞。我更喜欢那些紫荆，米粒一般细密的花，攒着劲似的生长着。

绚烂　郭静娟摄

中午下班，走过校门的时候，从门卫处拿了订阅的杂志或报纸，然后，就在回家的一路花树里，嗅着淡淡的青草气，惬意地轻翻书页。有时会无限欢喜地翻完一本两本，有时会细致入神地读完一段一篇。常常是轻轻地翻过这一页，眼已被另一页的插图或文字吸引，心却还有些留恋着前一页不肯挪步。多么喜欢这样的时刻！在文字的芬芳里，我享受某种奇妙的心绪，像是带着些淡淡惆怅的甜蜜。记得前些日子里的某一天，拿到新一期的杂志时，被它的封面深深吸引，是一幅彩墨画，飞舞的线条里镶嵌着绚丽的五彩色块，并没有固定的花形，却让我读到萌动的春的气息，漫天漫地。看一看标题，画名竟然是《春自在》，是吴冠中大师的画作，忍不住微笑。正入神间，被路人的铃声惊醒，抬起头来，原来四周的一切，正演绎着画里的无限情韵呢。

就是这样。我轻轻合上书页，随之开启的，却是心扉。

会想起书橱新书架上刚摆放上去的那一本新书：《书时光》。是刚从网上邮购的，还没有来得及翻阅，选择它，纯粹是因为这三个字无意间定格了某个真实的时空。有一年，在苏州一个旧同事的办公室阳台上，看到一方小水池，里面养着两丛不胖不瘦的睡莲，入秋了，花期已过，只剩水面两丛碧绿的圆，亮着人的眼，水池边是两张古色古香的木桌，配着几张古朴的椅子，向远处眺望，是开阔的操场和蓝天，在重重高楼的夹缝里连成一体，梦境似的。那一瞬，浮现于脑海的，便只有"读书时光"这四个美丽的字。想着如果自己拥有它，定会在每一个黄昏，携一卷书，泡一杯茶或一杯咖啡，静静坐着，任由霞光淡淡笼罩，沉醉在喜欢的文字里。偶尔也会抬起头吧，注视着远处的天空，心中温柔无比，也许是为着书中的故事，也许是为着一句喜欢的文句，又或者，是想起了某个曾经亲密的老朋友。

静默的黄昏，静默的书时光，心却定是最热烈的。

会想起在隔壁学校第一次学打网球的那个午后。中间小憩时，有鸟儿掠过天空，它无痕地展翅滑行，像秒针在时空里滴答滴答。一个同事突然沉静地背诵起鲍尔吉·原野的文句："河是什么？河是对世间美景毫无留恋的智者，什么都不会让河流停下脚步，哪怕是一分钟。河最像时间。这么说，时间穿着水的衣衫从大地走过。……河的辞典里只有两个字：远方。远方不一定富庶，不一定安适，不一定雄阔。它只是你要去的地方，是明日到达之处，是下一站，是下一站的远方。"空中的鸟儿展翅，为什么却让另一个人想到关于河流的文句呢？我不懂得思绪的这份微妙，但我记住了那不加任何修饰的噪音，它配着原野的文字是多么地打动我的心，在那一刻，我觉得文字太奇妙，汉字太优雅，优雅到让我以为，世间没有任何一样东西的美可以与之相匹敌。

会想起阳台上花盆里那矮矮的一簇簇香葱，它们在冬天里似乎停止了生长，总停留在同一个高度，可某一天，花盆的一角却突然出现了一棵荠菜苗，翠绿而水灵，没几天竟还开出了白色的小花。还清晰地记得那一瞬间的惊喜——我知道，有只鸟儿，已经在某个时刻来过我家的窗台逗留。

会想起友人信笔写下的文字，那是关于他家乡的描述——我曾看见野外的玉米地里，一场暴雨由远及近地生成，雨雾漫过来，打在叶子上啪啪地由模糊到清晰……在文字的包装盒里，自然的美，已经远远超出我们的想象。

会想起刚刚过去的冬天。雪大片大片地飘落，学校的操场终于成了一望无垠的洁白宣纸，那片纯白的光芒，耀眼到让人觉得，那是奢侈的上苍随手写下的一个童话。不知道它们会在记忆里留存多久，于是挥起长长的树枝，认真地写下：等待夏天。火一般的夏日，那冰天雪地的银白世界，又会在想象里镀上怎样不可思议的金边？

……

就是因为这些吧，我常常喜欢轻翻书页。

轻翻书页，在一路花树里。

轻翻书页，在许多个或长或短的美妙时刻。

有多少个美好或特别的昔时，会在轻翻书页里被偶然地忆起和回味？我无法一一把它们写出。但我知道，任何时候，只要我轻翻书页，我就会忘记那些世俗的烦忧，会忘记生活里恼人的忙碌和奔波；虽然我只是轻轻翻过书页，却像是正在翻阅着流淌着时光之河的生活季节；虽然我只是轻轻翻过某一页，但出神的那一刻，也许我正记起某个人或某些事，而也许，我已无心地跳过了某个人或某些事。

我喜欢轻翻书页，也许，还不只是因为这些。我似乎又听到，某年的新年新诗会上，中央台的主持人正用好听的音色为我们送上冰心老人的美丽诗句：青年人，珍重的描写罢，时间正翻着书页，请你着笔！

乱翻书

一直都喜欢乱翻书。那种感觉，就像是偶尔路过一个陌生的城市，抬头，低首，都是风景。

手边是张晓风的新书《秋千上的女子》、董桥的旧作《旧时月色》、周作人的散文集《故乡的野菜》和张曼娟的成名作《海水正蓝》。从图书馆翻捡出它们时，像翻捡出厚厚一叠惊喜，捧着它们回家，恰如捧着青春岁月里的一长串悠闲时光。多年前的大学光阴，有很多个日子，就是这样，捧着厚厚一叠文字交错成的故事，穿过高低起伏的檐廊，穿过绿树缠绕的大道和小路，脚步翩翩，像踩着快乐的云彩，走向那一方属于自己的小小天地。

邂逅张晓风，当属最不浪漫的相遇。竟是在语文试卷的现代文阅读里看见这个年轻的名字的。一篇《月，阙也》，让我一见倾心：微凉之中，有着淡淡的沧桑，可是，分明又有着绚丽和某种若隐若现的明媚。开始阅读所能见到的她的任何文字，《只因为年轻啊》《地毯的那一端》《春之怀古》……每一篇每一文，都让我无一例外地感到惊艳。

翻开这本《秋千上的女子》，扉页上是一张她的近照，短发，眉清目朗，着一袭深蓝色印花长裙，婉约沉静，一如她的文字。和想象里唯一不同的是，她已经不年轻了，脑海里却倏地跑出一行字：美好的文字永远没有年龄。她在文章里说，秋千甩到高处，可以让女子看到更远处的风景，然而对于她，文字就是最好的秋千，让她领略到了更为辽阔的生活。也是文字这个秋千，托起了她永不会老去的美丽年华吧。

什么时候喜欢上董桥的文字，已经说不清楚了。有人说，看一本书好不好，最简单的办法就是随便翻看一页，如果任意阅读一下子就吸引了你，它便是一本好书。初次邂逅董桥的文字就是这样的感觉。他的文字多为短小随笔，看似信手拈来，却写得诙谐优雅，隽永自然，用词的妥帖别致，让人顿然有"众里寻他千百度，蓦然回首，那人却在灯火阑珊处"的惊喜。读他的《旧时月色》，就如欣赏某种奇异的民间工艺品，常常深陷于某个细节的把玩之中。

选择周作人，是因为突然之间想起了一句歌词：熟悉的陌生人。这个名字从初中时代起就寄存于脑海，却一直只是作为鲁迅的附带品，从来不曾转化为立体生动的形象走近过我的心灵。这本《故乡的野菜》，封面朴素清爽，就像任何一个初秋的早晨，让人生出亲切。想起那些读来一知半解的评论，那些属于时代的是是非非，突然就有了一种好奇。阅读他，也许是想在某种生活的态度里追寻一种智慧和单纯吧。

《海水正蓝》是手边唯一的一本短篇小说集子。很久不再借阅小说了。曾经一度迷恋当代小说，可是读来读去，都只读到四个字：人心叵测。友情、亲情、爱情，无一可靠，美好似乎正从生活中退去，唯剩下一双双戒备的眼睛和一颗颗无处栖息的心灵。那些小说家们，拼了命似的挖掘人性的恶之花、丑之花，读来让人生出绝望和疲惫。索性拒绝。可是，张曼娟的《海水正蓝》却不是这样，唯觉纸短情长。每一个短篇，都是一个极生动极缠绵却又极惆怅的故事。无来由地，就随着书中人物生出种种感喟和怅惘，那种遗憾、失落和无奈，有着秋冬交替时的点点冷瑟，却又那么真实、唯美，令人深思。

想起年少，喜欢浓烈和单纯，爱恨情仇，纵横在字里行间，脉络分明，小说因此是唯一的选择。浏览的是情节，牵挂的是人物，担忧的是命运。那时候的阅读，有时像是一种冒险，心情随着情节的跌宕起伏而大起大落，有时却又像是去奔赴一场期待已久却又突如其来的约会，明知没有结果，却不计一切后果。一颗少年的心，只愿意在那些密密的字里行间飞行驰骋，最好没有尽头，永不会和里面的人物说再见。读到痴狂时，甚至想在胸前挂一块牌子：阅读中，请勿打扰。

而现在的阅读，欣赏的多是些真性情的写实文字。低眉信手，徐徐翻阅，它更像是茶余饭后的一次散步，没有预想，没有目的地。期待也许是有的，

盼　郭静娟摄

却不再为人物为情节而张狂，倒常常为了一句话，一份落寞的意境，而心有所动。正如散着步的时候，突然为着一朵闲云，一片飘零的树叶，一个路边的手势，而恍然出神。遐想之中，那些模糊往事的味道，便如八月桂花香，飘过来，又飘过去。

　　但不管是怎样的阅读，都是美好。静处一隅，东翻西看，穿梭在长短厚薄不同的书页之间，像一个可以跨越时空的精灵。泰戈尔说，天空没有留下痕迹，但鸟儿已经飞过。也许，喜欢乱翻书，就只为静默的那一瞬，心中已然是万水千山。

听毛姆对你说

——读《毛姆读书随笔》

文字，是一个人向他人打开心灵世界的一种方式。

在这本书中，你将遇见一个妙不可言的人。他让你忍俊不禁，独自哈哈大笑；让你若有所思，豁然开朗；让你拍案叫绝，脑洞大开；也让你心领神会，心怀戚戚焉。文字之亲切，就好像一位你很景仰的人物，知晓你的许多困惑，对着你娓娓道来，发表有趣的见解，指点你如何去看待他人，为你讲述一系列生动有趣的故事……让你忍不住一笑再笑，一思再思，一读再读。

很少有一本读书笔记能够这么引人入胜，能让你自觉自愿地想要翻开更多的书页。这本《毛姆读书随笔》，不仅会带着你走近经典，也走近经典创作者的丰富人生，让你在欢笑、沉思和叹息中明晓文字和人生之间的奇特连接。更难得的是，它还会给你开启一扇哲学和艺术的大门，作者的精彩见解和诙谐的表达，足以让你忘记对深奥哲学的畏惧，明了哲学与我们自身的关系，也足以勾起你对艺术的好感，去体悟艺术是否确实犹如某些画家所形容的那样："是这个世界上最有趣的游戏之一，正是这种游戏，化解了人类的沮丧和艰难。"

一开始是对读书的个人理解。"是理性地享受和愉悦，是最完美、最持久的。"在毛姆看来，读书便是这样一种完美的自我享受。"很少有什么娱乐，能让你过了中年之后还会从中感到满足，也几乎没有什么游戏，你可以单独玩而不需要玩伴。没有哪一种活动可以那样容易地随时开始，随便持续多久，随时可以停止。""只要养成读书习惯，也就是给自己营造了一个几乎可以逃避生活中一切愁苦的庇护所。"在书的第一部分，毛姆用切身的阅读体会和多种阅读方式，亲切地对你说，阅读，是一件多么幸福的事。阅读，是一件多么美好的事。它不只让你有所收获，还给你一个最有趣的过程。当然，在这一点上，只有当你安静地读完一本又一本书，才能深谙个中美味。如果你平时只是习惯于信手翻翻，蜻蜓点水而不加任何思考，那么阅读也不过就像流行的旅游一样，仅仅是到此一游而已。阅读带来的内心幸福，需要一颗能独自享受的心才能充分领略，否则，一切便都只是样子看起来很美罢了。

关于哲学，不知你会怎么想。晦涩难懂，索然无趣，抑或不知所云根本读不下去？相信许多人都会有所畏惧。可如果你读到这本书的第二部分，毛姆关于"哲学与人生"的看法，也许就会有打开一本哲学书的欲望。"只有哲学永远不会让你失望。你永远不可能到达它的尽头。它就像人的灵魂一样多姿多彩。它真是了不起，因为它几乎涉及到人类的全部知识。它谈论宇宙，谈论上帝和永生……"毛姆说他读哲学不是思辨地研读，而是像读小说一样，寻求兴奋和乐趣。高大上的"哲学"话题，在毛姆的笔下变得非常有趣，让我们由衷觉得，哲学与人人有关，每个人都应该好好享受哲学。文字的高妙之处，往往是需要高人点拨才会恍然大悟的。毛姆就是这样一位智慧的点拨者。借用书中一些有趣的话语，你也许会明白哲学的好玩之处以及它与我们的关系："没有一本一劳永逸的书。""天生善良的人往往是不太有趣的。""我们会因为熟悉某些东西而觉得它们美，与此相反，我们也会因为某些东西新奇而觉得它们美。""完美无缺是有点乏味的，这并非是生活中最微不足道的小小讽刺：我们最好还是不要真正达到完美，虽然这是我们人人追求的目标。"……

对诗歌，毛姆在这本书中谈得并不多，只有所提及，但却很精辟。毛姆以为，诗歌是文学之花和文学之冠，容不得凡俗和平庸。他很俏皮地说，他没法随随便便地读诗，需要一定的心情和环境才行，比如，他喜欢在夏天黄昏之后，在花园里读诗，喜欢坐在悬崖上面对大海或者躺在长满青苔的林中斜坡上，从口袋里拿出一卷诗来读……看这些文字，真是一种享受。就如书卷扉页上叼着烟斗、戴着草帽、用一双睿智的眼睛似笑非笑地看着世界的作家画像一样，毛姆其人，和他的文字一样令人遐想。

此书中最有意思也最丰富的，是第三部分"作家与作品"。狄更斯、简·奥斯汀、巴尔扎克、托尔斯泰、陀思妥耶夫斯基……大家云集，不管是你读过的还是你没读过的名著，毛姆独到的评点都会让你心中为之一动，甚至一震。

以《福楼拜与〈包法利夫人〉》为例，与其说这篇文章是一篇评论，还不如说它本身是一篇荡气回肠的小说。读完，你会有一声叹息，人生竟然如斯。关于福楼拜，以前只零星地听说他每天按时看日出，但生活的真相和道听途说总是大相径庭。读这篇评论时，不由想起读毛姆的小说《月亮与六便士》，它曾让我又一次体会到少年时代手不释卷的滋味，又一次想在胸口挂上一块牌子：阅读中，请勿打扰。毛姆讲述福楼拜的人生，用的就是让人停不下来的小说笔法。《司汤达和〈红与黑〉》亦是如此。记忆里最深刻的是小说中于连的帅和他的悲剧人生，而关于作者本人是其墓志铭"活过，爱过，写过"，但文字的浪漫和真实的人生也许恰恰相反。在毛姆的笔下，司汤达本人的人生着实让人无限唏嘘。不能不说，如果把有些人真实而漫长的人生故事浓缩在一本薄薄的书中，那一定是作家都难以虚构想象的情节。

毛姆的评点，有褒有贬，完全遵从于他的内心。正如这本书的编辑在封底所写的推荐语一样，毛姆为"那些大作家们描绘了一幅幅逼真的肖像，勾画出那些天才的性格特征——他们不再是崇拜的偶像，而是一个个有血有肉、有个性也有缺点的人。他让我们重新发现那些伟大作家以及他们作品的伟大价值"。确实如此。比如，毛姆说，世界上最伟大的小说家是巴尔扎克，但最伟大的小说却是托尔斯泰的《战争与和平》，关于这部伟大著作的结尾，毛姆的点评让人陷入沉思。小说的最后，主人公"彼此相爱，幸福美满，但是，天那！他们却变得多么愚钝，多么平庸啊！经历了生活的种种艰辛、忧愁和痛苦之后，现在他们平静下来了，进入了中年人的自满自得状态。过去的娜塔莎是那么甜美，那么活泼，那么招人喜爱，现在她成了一个婆婆妈妈的家庭主妇。尼古拉·罗斯托夫曾是那样英俊潇洒，那样神采飞扬，现在他成了一个地地道道的乡村地主"。毛姆意味深长地说，这样的结局也许太平常了，但这样的结局里却蕴含着深刻的悲剧意味，这正是托尔斯泰的伟大之处，他之所以没有给读者一个慷慨激昂的慰藉，是因为他知道人生的结局大凡如此。读到此处，我们忍不住也会心生惆怅，不仅如此，还延伸出更多的感叹：生活的平淡和平庸是艺术的悲剧，但却可能是人生的幸福，而这到底是一种幸运还是不幸呢？很难定论。而沉沦在庸常的幸福里，到底是回归了人的本性还是远离了人的追求呢？余味袅袅，令人沉醉。

读着毛姆对于这些经典小说的深刻解读，不知不觉中自己竟好像也对人生有了更深刻的思考，似乎懂得了人生中的一些哲学。也许，最好的小说都是暗藏着人生的哲学的。

不一一列举了。在这本书中，伟大的毛姆像写信一样自然地袒露了他与众不同的内心和卓然的见识，语言妙趣横生，绝不会让你觉得乏味或说教，它会一次次让你感觉到，人类的心灵实在是太浩瀚太了不起了，如同伟大的自然。

《毛姆读书随笔》，真是一本很奇妙的书。

如果你有些厌倦庸常的岁月，那么请打开这本书，跟着毛姆，去别样的世界里看看奇异的风景，你一定会被迷住的；如果你不知道该如何和学生一起打开一本经典小说，不知道该如何开始一次关于经典小说阅读的长途旅行，那么请你打开这本书，相信这本书一定会给你某种启发，会让你为学生的阅读找到一个巧妙的引入点；而如果你本身就喜欢阅读，那么，也请打开这本书，你一定会惊喜连连，心有共鸣，会又一次发自内心地感觉到，爱读书的人，是幸福的。

打开一本好书，是走进一颗伟大而丰富心灵的最好方式。

生命的香气

——读《曲院风荷》

〜〜〜〜〜〜

这是一本让人读得特别慢的书。

中国艺术论十讲，分别是听香、看舞、曲径、微花、枯树、空山、冷月、和风、慧剑、扁舟，为你评点诗词、绘画、书法、园林之妙，每一句话，每一首诗，每一幅画，每一帧书法，每一个故事，阅读时都需要停下来回味一下。我边读边摘，边摘边悟，边悟边写，差不多认真看了两遍，才倏然有些明白，这本书最想告诉我们的审美原理是，天地中所有的相对其实都是一致的：微中见大，枯中见生，空中为实，冷中是热，黑中有白，还有拙中巧，无中有，静中动，少中多，藏中见，寂中闹……明白这点，才能懂得古典文化中艺术家笔下的诗词、花鸟、山水里所蕴藏的意味，才能对我们身处的天地自然有别样的认识。

以前读鲍鹏山评庄子的文字，说是"眼极冷，心极热"，以为是说庄子"冷眼看世界，一颗赤子心"，但其实境界远不止于此，那冷眼的孤寂之中，还藏有世人所不知的大自在和大欢喜，正如这本书里所说，真正的孤和独往往是与天地精神相契合相往来也。"独坐幽篁里，弹琴复长啸。深林人不知，明月来相照。"王维在《竹里馆》中也有这样的心境。初读这首诗，很喜欢，觉其风雅，后来细读，却觉太过孤独冷寂。读完这本书才明白，"我们所看到的冷寂孤独，其实并非生命的哀叹，而是独立高标不同流俗的狷介，是超出群论从容潇洒的舒卷"。明白了这点，也才理解了李白月下独酌时的某种情怀。"花间一壶酒，独酌无相亲。举杯邀明月，对影成三人。"那种与天地精神相契合的自在欢喜，是借由孤独的画面表现出来的。而这种自在悠游于天地之间的境界，很多时候亦非一般人所能领略。

一直以为艺术是离日常生活很远的东西，但这本书足以让人感知到，生活其实无处不艺术，普通人在日常生活中也需要一点艺术的眼光和心灵，这样可以为庸常的岁月增加一点趣味，可以更好地领略明月清风带来的喜悦。作者说，艺术是充满醉意的舞蹈，艺术家们是在花草美人之中寻找自己生命原有的活泼、原有的天真和原有的生命香气。确实，艺术家抖一抖身体，别无长物，唯落下生命的香气。即使是一个微小的客观世界，他们亦可在其中安放悠悠广远之思。

有时候，真应该读一读这样的书，这些文字能让心灵从日常的理智、欲望和习惯中出走一会儿，去感受生命的醉意、诗意、画意，感知生命中某种单纯的美。卢梭在《一个孤独漫步者的遐想》中说："生命终究需要回到自我，自我是在天地之间，而非名利场上。"是我们的心灵决定了我们眼中世界的丰富程度，世界到底是叶脉奇特的风景还是线条模糊的无味，更在于自己。曾读过这样的诗句："有些人体验雨，有些人只是被雨淋湿"。我们并不是要成为艺术家，但至少可以试着去领略一下平常瞬间里的那些可意会却难言传的奇妙之处。

读这本书时，还顺带在餐巾纸上临摹了书中的许多插图，特别是金农的梅花。学过画梅，但总画不好，梅开五瓣，看似简单，却很难画出其风骨和韵味。金农的梅花简约耐看，别有味道。当我一瓣一瓣反复临摹那些线条时，脑海里仿佛在回放许多赏梅时刻，仿佛又听到初遇时的那份惊叹和欢喜。临摹颇费时间，也让人安静，时间在那时慢了下来。那样的时刻，看起来一无所用，但是值得，因为唯有这样你才能明白作者书中所说："学书法不是临帖，而是要通过抒发的线条和墨色去感受这个世界。"也许，每一个人，都应该浪费一点时间去领略艺术之美，不为目的，只为纯粹的喜欢。

曾在山里住过一小段时间，放下了手机、电脑和心爱的相机，只有自己和书籍，闲时喜欢临窗看山，看山上的树叶，尖细的、圆润的、阔大的、稀疏的、浓密的，试着想要画下来，才发现每一棵树都不一样。也看鸟落蝶飞，蝶似舞动的花，花似静止的蝶。就那样伏窗傻看，竟也不觉寂寞，看着看着，好像真的看到了每一种生命中原本的美好。下雨时，也看看雨丝，听听雨声，听着听着，发现雨声都是直线，鸟声都是曲线。不同线条，构成了美好催眠曲，让人听着听着就困了，于是酣酣睡上一觉，多么满足和幸福啊！醒来，已是雨后天晴，阳光如水一般落在片片翠叶之上，伸手可捉。

那一刻，山自山，水自水，花叶自花叶，我是我，所有生命都散发出自然的香味。人在天地山水之间，天地山水在人眼中心中。如此，甚好。

就像春草长在原野上

——读鲍尔吉·原野的《梦回家园》和《银说话》

~~~~~~~~

一直都喜欢鲍尔吉·原野的文字。一开始，读他是断断续续的，大多是在一些报刊上，偶然读之，文章多短小，零星的阅读里，留下的是长久的心动。后来，因为准备一堂阅读课，邂逅了他的两本散文集，大开本的华丽的《银说话》和装帧极朴素的《梦回家园》。我更喜欢后者，这本书是借来的，在阅读的过程中无法留下任何笔迹，只在许多篇目上做了轻微折痕，折痕越读越多，我和书、和原野的文字，距离也越来越近，课上完了，这本书却怎么看都像是自己的，终于用另一本书作交换把它收藏到了自己的书架上。

文字的魅力往往在于它能唤起我们心中沉睡的某种画面，原野的文字就常带给我共鸣。这本《梦回家园》收录了276篇精短散文，除了最后一辑，其余在他的笔下缱绻的，多是身边的平常人儿，亲人、朋友、师长、某个曾经熟悉抑或仅有一面之缘的人；多是极微不足道的事物，小草、棉、花、鸟群、大枣；多是家常话题，呼吸、棋事、得意、目光，拽住妈妈的衣襟……极普通的人事，甚至一个简单的词语，到了原野笔下，就充满诗意唯美的光辉，旖旎成一片好风景。也许，是因为原野的心中有歌声，有美景，有大爱，有智慧，语言有情意，有才气，所以，他的文字才带给读者如许的欣赏和叹息。

阅读原野，有时候是因为喜欢他的语言。你看他写《以后》，"如果以后没有带来果实，也会带来向往，如果没有幸运，也可带来坚强，如果没有转机，也能带来思想，以后，其实是一种信心，它是春草，总要生长在明年的山坡上"，这些话语让我心有所动，好像是说出了心中一直存在却始终无法成为言语的某种想法。

有时候我喜欢他带着幽默或沧桑的天真，在《雪地篝火》一文中，他细致地描述了自己很久以前在雪地上燃起的一堆篝火，我似乎能够看见，雪大片大片地肃穆而下，火苗手拉着手跳呼啦圈，最得意的那束火苗还扭着颈子尽情地舞蹈，而年轻的作者，独自一人，穿着白茬羊皮坎肩，坐在树桩上，出神地注视着大雪纷飞中的篝火，也许是在想家，也许是在揣测未知的爱情，文章的结尾是这样的："许多年之后，在办公室填什么表时，面对'业绩、贡献'一栏，我真想填上：在雪地里点起过一堆篝火。下雪时，我仍有这样一种梦想。"谁能说，这样的梦想不是一种浪漫和天真呢？

有时候我喜欢他童心背后的善良和纯真，《月光手帕》《雪地贺卡》《盛妆》等文，都与孩子有关。小女孩捡拾台阶上一小方月光的可爱动作，让作者想到了月光手帕这个充满诗意的名字。而偶然看到一个孩子在雪人旁留下的小小卡片，竟悄悄以雪人的名义给充满幻想的陌生小女孩回上了一张贺卡，是为了圆孩子一个梦想，因为他觉得，一个带有秘密的童年该多么幸福！多么好！这难道不是在提醒我们，只要记得生活的原色，愿意回到纯真的自我，生活就会充满意趣和美妙？

而有时，我纯粹就是喜欢他文章的题目，"春天喊我·绿袖子""蜜色黄昏""月光手帕""鸟群""拽住妈妈的衣襟""静默草原""树叶欲飞"……这些名字，很像是经典电影的精彩片头，简约中有着蜜一般的情意。我是个容易被题目迷住的人，常会想起很久以前读过的一篇短篇小说的题目——"再讲个故事骗骗我吧"，温情而有趣，虽然我好像从来不曾记得它的作者和情节；我也常想起这样一个令人忍俊不禁的长长网名——"今夜太冷不宜私奔"，简直就是一个现代版的爱情故事呢。

《梦回家园》的最后一辑是关于音乐的感悟文字，写得感性而美，让人不由得对那些歌、那些曲、那些词生出好感，生出欲望，生出幻想。对于音乐的钟爱其实早已表现在了他的文字上，原野的文字，不华丽，却简约隽永，美到极致，若将其分行，读来就是一首首精妙小诗，而他自己也曾在一篇文章中说："在写作技巧方面，我希望写出语言的节奏感，即音乐性。语言深不可测的奥妙之一在其音乐性。这也是语言优美的含义之一。人不能糟蹋语言，要珍惜它，小心地把它的美展示出来。"他的文字，那么自然又贴心贴意，原以为只是缘于他的敏锐、智慧和天分，现在明白，许多看似天然的美，其实是心灵雕琢的精美果实。

在《银说话》的封面上，有这样一段简介："他的文字如野马破阵，云过山峰。有专家评论说：'豪放、幽默、睿智、雅洁、细腻，皆是鲍尔吉·原野作品的特色。他毫无困难地把这些因素融合，以其独树一帜的风格从容宁静、自领风骚。但最鲜明的，是他笔下倾心描写人间的美善，使人回味不已。'"

原野文字的好，谁能说得清呢？反正，就像是春天的某次郊游，于一片空旷之中，看到无边的春草长在原野上，也像是某个夜晚，偶尔来到乡村，突然抬头，看到星子缀满天空。

一个人的文字读多了，有时候脑海里会模糊地出现他的模样，可是原野却让我无法捉摸，甚至分不出性别，"她"的细腻，"她"的温情，"她"的孩子气，"他"的豁达，"他"的诙谐，"他"广博的胸怀，"他"奇异的思想，"他"的深刻，都很奇妙地混合在一起。偶然溜达到他的博客，找到一张他的照片，左右瞧瞧，俊朗儒雅，有玉树临风的洒脱，然而，依旧觉得，这似乎并不是那些文字背后藏着的原野模样。也许，能写一手好文字的人最好都没有模样，因为任何长相，都满足不了文字带来的猜测。

去和世界好好打个招呼

——读《想见 看见 听见》

~~~~~~~~

偶然在苏州诚品书店里遇见，一眼被吸引，是因为它的封面：一列正远行的火车车窗里，一位少年半探出头，清澈双眼回望来路，似有无限沉思。与照片相对应的，是竖向排列的三个词语：想见，看见，听见。正是书名。这本摄影随笔集的作者，是被称为"中国摄影教父"的台湾摄影大师阮义忠。翻到封底，是作者对书名的解释："我特别注重'见'，我认为那不只是视觉，而是一种触感，它是具体的，会反弹，有温度，有形状，有量体，是一种几乎等于烙印的存在。若是想，看，听而没有见，就等于生命不曾与外在有过接触。"

心灵瞬间就被这些话语敲打出了回声。

曾经很喜欢一句话："如果你能看，就要看见；如果你能看见，就要仔细观察。"出自诺贝尔文学奖得主萨拉马戈。两人的意思不谋而合，强调在生活中，要用自己的眼睛和心灵去真正"见到"，成为世界的发现者，而不只是阅读或借用他人的经验，做一个并无真正触动的跟风者。想想，平时我们为什么总喜欢使用相同的词语来形容这个世界呢？因为我们很多时候只是貌似在看，眼睛没有真正聚焦，没有看见细部，更没有听到自我心灵在捕捉到外在世界细节时发出的独特颤音。海伦·凯勒曾感叹："那些耳聪目明的正常人从来不好好地去利用他们的这些天赋，他们视而不见，听而不闻，无任何鉴赏之心。我有过这样的想法，如果让每一个人在他成年后的某一个阶段瞎上几天，聋上几天该有多好，黑暗将使他们更加珍惜光明，寂静将会教会他们真正领略喧哗的快乐。"翻读这本《想见　看见　听见》，猛然让人惊觉，原来，我们对待生活的态度真是那般倦怠，对待纷繁世界漫不经心，我们常常忽略了平凡事物里的诸多乐趣，也忘记了挖掘平凡生命里的无限深意。

　　书分为三部分："想见""看见"和"听见"。第一部分是我最喜欢的，童年故事，成长印迹，性情文字真实勾画出作者心灵逐渐丰盈的图谱。出生于偏远乡村的他，曾深深怨怒自己"不幸"的身世，曾狠狠抢起锄头，朝着菜园旁的尤加利树砍打，诅咒那片贫瘠的土地，一心想着如何逃离，当他开始用画笔和文字描绘世界，选择的也多是所谓阳春白雪的艺术世界，他说："那时的我，已认为所有和泥土有关、沾有汗水臭味的东西都是卑琐的，可耻的，我相信自己本来就该追求精神方面的事物，发挥想象的潜力，钻研观念思索……只有这一切，才是文学、艺术的本质。对那时的我来说，人已经活得够苦了，何必再在文学艺术上挖掘令人不快的事情呢？"是摄影使他苏醒，是相机观景窗看出去的那群人与那片土地，让他发觉自己成长过程中所犯的错误，把童稚时代的怨恨化为了挚爱。人，总是在不断的渴望逃离和逃离中回望来路，并逐渐找到自己的方向。也许，正是这种独特的认识、深沉的爱，加上摄影的天赋，才使得他成为了一代摄影教父。而这样的剖析，教会我们的已经不是技术，而是让我们也懂得要把目光踏实地落到生活之中，理性地去探寻真相，体味意义。我们当然不可能每个人都成为摄影大师，甚至也无法常常背着相机四处溜达，但是，我们每个人都拥有这个世界最好的镜头——眼睛。学会用镜头的方式观察，才可以更好地看见我们自身和这个世界的连接点在哪儿，并在触动处按下快门，永远留存于心灵的底片。

　　"看见"和"听见"这两个部分，介绍了一些与摄影有关的特别人物。前者是他摄影生涯中结识的一些特立独行的摄影人，他们的摄影风格和人生虽然各有不同，但无一不是个性鲜明，作品和人生互为交融，汇成一帧帧简约的人物传记照。这些人我以前闻所未闻，但是读完却很庆幸自己能在文字里结识他们。这种感觉，就像看完一部好电影，心潮起伏，为电影里的某个人物、某些情节而倍感世界的美好温暖。后者"听见"部分，是作者仰慕的一些大师级人物，如享誉国际新闻摄影界的战地摄影记者唐·麦库林，作者为他拟的题目是"黑暗报告，良知之光"，称他的影像有如黑暗报告，称他那深刻反省的文字，就仿佛是在行过黑暗时所发出的良知之光。再如世界上最知名的摄影师之一布列松，作者称他为"永远的布列松"，他说："布列松是摄影史上的一道门，不管你喜不喜欢他，只要想走这条路，就会打他的门楣下经过……在任何不起眼的事物中，布列松都可以品味出生命的珍贵。"阅读这个版块，就好像是无意中得到了一张珍贵的阅读地图，只想沿着作者的思路，满怀惊喜，一个地方一个地方地欣赏下去。这里，不仅有难以言说的摄影之道，更有人性的独特光辉。

这不是一本简单的摄影指导书，那些特别的照片和摄影过程告诉我们，生活方式本身就是一种耐人寻味的古迹，值得我们看见和铭记。这也不是一本用来消闲的散文随笔集。"我所看到的世界充满线条、比例、秩序、构图，却找不到形容它们的词语；没想到这个毛病竟成为我日后的写作风格。"这本书文字干净，去除了表达上的繁文缛节，抓住了心灵和这个世界之间相契合时稍纵即逝的那丝灵光，足以直抵我们的内心。

喜欢这本书，想把这本书介绍给爱拍照和不爱拍照的人，介绍给所有爱着这个世界的人，因为这本书的真正用意，是为了告诉我们如何看见犹如空气一般存在的生活本身，并感受它的意义所在，也在暗示我们如何寻找到自己的方式，认真和这个美丽的世界打招呼。

如果我们的语言是威士忌

——读村上春树《如果我们的语言是威士忌》

～～～～～

"如果我们的语言是威士忌"，这似乎正散发出浓烈酒香的句子，并非我的创造，而是日本著名作家村上春树一本薄薄游记的书名。浓夏的一个午后，在图书馆那个最角落的书架，我的手指带着我的目光，漫不经心地轻轻滑过一个又一个熟悉和不熟悉的名字，当手指随意地跳跃到这独特的名字上时，心灵，便骤然有了惊喜而充满期待的停顿。

它一点都没有让我失望。不长不短的一个多小时里，我坐在图书馆舒适的长沙发椅上，一边在空调呼呼的冷风里享受着炎夏的别样清凉，一边和作者一起经历了一次处处洋溢着异域风情和酒香的快乐旅行。

早在几年前就阅读过村上春树的《挪威的森林》，因为它曾是一种时尚，然而更喜欢的，却是后来偶然读到的其另一部代表之作《且听风吟》，文字表面和深处的那种唯美和优雅，宛若自然天成，让人心生出无尽的惆怅。而这本薄薄的游记文字《如果我们的语言是威士忌》，记录的是一次美好的纯私人性质的英格兰和爱尔兰之旅，村上春树用他独特的视角向我们描述了他游历的两个地方：艾莱岛，英格兰一个无名的小岛，纯麦芽威士忌的圣地；罗斯克雷，爱尔兰一个无名的小镇，纯朴的人和事。和一般的游记不同，它很少有类似典故或介绍性的文字，更多的是展示旅游时的恬淡心情，文字丝毫不显华丽和修饰，更觉亲切和悠闲。文中还配设了其夫人村上阳子拍摄的许多照片，照片色彩度很好，一幅幅都让人惊叹，孤寂绵长的海岸线，深蓝而平静的海面，徐缓的山坡，光秃秃展露在海风里的灰色石块，绿得让你眼睛发亮的草地，在草地上悠闲散步的羊群，还有那风格独特的民居，红墙黑瓦，门框上悬挂着的绚丽盆景，缓缓而上的洁净街道，还有众多的小酒馆，小酒馆里默默品酒的孤独客人，有着奇怪名字的各色美酒……

这样的文字，这样的图片，真像是忙碌过后品味的一杯自制冰爽柠檬茶，不仅味道好极了，还意味清凉悠远。记得作者的结束语是这样的："旅行是多么美好。旅行带给我们只能留在心里的因而比什么都宝贵的东西，带给我们即使当时觉察不到但事后也会领悟到的东西。"我一连读了几遍，直到差不多能够背诵，这句话，是多么契合我的心意！我也喜欢旅行，而且，我也刚刚从一次短程的奇特旅行中归来。

先生带我和几个朋友去感受他记忆里的神奇的洪泽湖大堤，可童年时的模糊印记让他成了一个不合格的向导，我们差点迷了路，在狭窄、蜿蜒的乡间石路上我们不知行驶了多久，才终于在灰色而寂寥的暮色中到达了目的地。仅剩丝缕的暮色也即将退尽，苍茫的夜色从四面八方包围过来，没有人家，没有行人，也没有星点般的半缕灯光，唯有的，是面前这一大片辽阔无边的浩森水域，那一刻，我们不只感觉到了洪泽湖的神秘，还感到了一丝畏惧。"啊啊"地呐喊过几声，算是象征性地和异地的湖泊打过怯怯的招呼，我们便不约而同地上了车，想在夜色真正到来的前一刻逃离开去，逃到喧闹和华灯中去。来时的小路太曲折太陌生，我们只有沿着这条并未正式通车的寂寥大堤继续向前，盼望它会如前面路人指点的那样，通向一个繁华的路口。路的两岸多是高大的大叶柳，很密，有些枝叶早已在空中相连，如果是在白天，一定绿荫如织，带给人特别的绿影和绿意，可现在它却只是更增加了一层暮色的浓郁，并不明亮的车灯照着前面的路，向前再向前，拐弯再拐弯，好像永远也没有尽头。

20分钟过去了，半小时过去了，近一个小时了，车灯照着的，依旧是那绵延不绝的林荫路。我们盼望有户人家，然而没有。我们盼望有另一辆车从对面交汇而过，然而没有。我们盼望再拐过前方的一个弯就可以看见远处的浓密灯光，然而没有。我们的心越悬越紧，我们不再关心车窗外的洪泽湖，倒像是在经历一场恐怖片。终于，单一的行驶又过了极其漫长的时段，我们遇到了一位踏着三轮车的渔夫，确信前方确实有目的地存在之后，才终于长长地吁了一口气。

这真是一次难忘的旅行。有朋友事后抱怨其乏味和漫长，我却并不这么认为。虽然没有想象里的画面，它依旧不失为一次很棒的旅行，它让我体味到一种极其独特难得的心情。就如村上春树所说，它带给我"即使当时觉察不到但事后也会领悟到的东西"。我们来到陌生之地，除了饱览迷人风景，更多的正是经历一种与平日不同的心情。

"如果我们的语言是威士忌，那么，只要我默默地递出酒杯，你接过静静地送入喉咙即可，非常简单非常亲密非常准确，然而遗憾的是，我们居住在语言终究是语言也只能是语言的世界里……但，我们的语言有时会在稍纵即逝的幸福瞬间变成威士忌。"

这是村上春树在威士忌圣地英格兰小镇闲庭散步时的独特感受。他梦想我们的语言能够如各种美味的威士忌一样，用其奇异的醇香直接传达出我们的内心，但事实上，这对于村上春树并非一个梦想，因为阅读这本小书，我正像是喝了一杯叫不出名字的清洌而口感柔润的威士忌，我真的在字里行间的风景里行走了一回，并醉了又醉。而当合上书页，踏上回家的路，一抬头，我竟然又在蓝天白云的画布上，读到了威士忌一般的奇异文字。

童话·童心

——读《做人的故事》

总想写一写关于童话的文字，因为越来越喜欢那份干净和纯粹。在各色文字里放眼驰骋后，才渐渐看分明，越平静的文字，越藏着波澜。于是，常常有意无意地重读童话，有时是陪孩子读，有时是为自己而读。

在已经有些遥远的童年里，记住的仅仅是童话故事里的神奇和魔力。而重读童话，跳过那些奇怪的情节，跳过那些美好的想象，读到其中蕴含的人生阅历，读到人生某些简单而深刻的哲理，读到人生的某种希望或期待，读到处处充溢的诗意，于是常常被藏在文字背后的那颗始终不曾老去的童心打动。这一份童心，孩子们不一定觉出它的可贵，因为那是他们的本色，唯有像我一样在生活的奔跑中逐渐丢失和忘却它的成人，才会觉出它的弥足珍贵。

手边是苏联著名教育家苏霍姆林斯基的《做人的故事》，这是一本为孩子而写的童话寓言集，关于美，关于爱，关于快乐，关于友谊，关于责任，关于生和死，关于追求，关于价值，关于品质……最重要的做人道理，却用了最浅显的文字、最抒情的语调、最诗意的故事来表现。原本是为儿子买下的书，却一次一次俘虏了我的心。好像已经读了好久，又好像仅仅是第一次翻阅，在我的阅读史上，它扮演的是一个极其特别的角色。很长一段时间，它一直都在我伸手可及的地方，闲暇自得的时候，烦闷困惑的时候，快乐张狂的时候，我都会打开它，一页两页文字，三则四则故事，像有一种魔力，总能让我回复到平和快乐。

信手摘录两则故事吧：

晚秋的田野里什么也没有，没有麦穗，没有麦茬，也没有麦秆。……有两个人正穿过田野，一个是城里来的客人，……他看着光秃秃的田野说：田野里是多么空空荡荡，多么冷淡，甚至有点忧伤，当那里麦穗喧哗的时候，那就是另外一回事了。与城里来的客人同行的是个农艺师。他在当地的农庄已经工作了许多年，他看着空荡荡的田野，眼睛里透出的是快乐，他对自己的客人说：现在的田野是多么的美啊！它的美就在于它的空荡。(《田野里什么都没有》)

……男孩看着铃兰花。花儿美极了。她像早晨的天空，像池塘中蔚蓝色的水，还像异常优美的一种什么东西。男孩感觉到了所有的这一切，但他说不出来。他站在铃兰花旁边，被花的美丽迷住了。他站在那里，默默不语。"长大吧，铃兰花"，男孩轻轻地说。(《男孩和铃兰花》)

多诗意的描述，这样的语言，让我觉得，自然，就是一本大大的童话书，等着我们去翻阅。只是我们成人的眼睛，常常会错过无数美的瞬间。还记得那次，走到楼下，月亮是纯纯的金黄，矮矮的，仿佛伸手可摘，有两棵树斜斜地站立着，月亮就挂在树梢。调皮的儿子第一次为自然中的一幅美景动了心，他说："妈妈，你看你看，那两棵树，月亮在树上，好像可以摘下来呢！"

童话，远不是一种文体，也不止是一种语言风格，而是一种纯真心灵的外在体现。童话，首先是敏感的心灵，有着对生活无尽的热爱。早就读过苏霍姆林斯基的《给教师的100条建议》和《帕夫雷什中学》，他的文字带给我很多反思，也曾让我在迷惘中多次豁然洞开，然而他这本写给孩子的书却带给我另一种震撼。我终于明白他成为一位教育大家的缘由，那是因为他有一颗洋溢着爱的童心，有着一份极富诗意的情怀，还有着对于孩子最为诚挚的爱护和期待，他是想用他的文字带给孩子一颗想象的心，一颗快乐的心，一颗善感的心，一颗向真向善向美向上的心。

校园里有一棵香橼树，深秋或初冬的时候，浓密的绿中便夹杂了点点的黄，沉甸甸的，每每从那里走过，总不由得想起一些美好的词：收获、金黄、温暖。当它们终于成熟而饱满的时候，后勤人员把它们采摘下来，分到各个办公室，我也拥有了一个，把它放在电脑桌的上面，冬天的清冷一下子跑出去好远。它的旁边，还伴有一个篮球模型的储蓄罐，日子久了，香橼的颜色居然变成了纯粹的篮球色，同事用黑色水笔在上面勾勒出了篮球的线条，看起来是很不错的工艺品了。有一次，有其他办公室的同事来，我说："看看我这个小篮球怎么样。"他说："真漂亮！咦，这个篮球看起来有点像香橼哦。"大家忍俊不禁，谁像谁呢？只是几笔简单的线条，却完成了一个真实的快乐童话。

　　曾有同事笑话我人大心小，总有些孩子气。也许就是因为一直爱读点童话的缘故吧。小时候在童话里读故事，长大了在童话里读梦想，现在成了孩子的妈妈，大多是陪读童话，最欣赏的是它纯净唯美的文字背后的童话心情。很相信童话的力量，总觉得，在人的一生中，至少应该有一段时期特别特别喜欢阅读童话，因为它令人更热爱生活和更觉出生活的美好。而且，读一点童话，有时候会让我们在忍不住要发脾气的那一刻，选择站到孩子的那一边。我是多么希望，我孩子的老师也会阅读并喜欢上这本《做人的故事》，多么希望他们也能经常阅读童话或者阅读那些童话一般的文字。

我爱，故世界温柔

——读《谈美》

〰〰〰〰〰

　　一直都很喜欢朱光潜的《谈美》，读过好几遍。一本薄薄的老版本旧书，书上有不同的阅读时间点写下的各式评语，甚至还在"依样画葫芦"那一章的空白处，简笔绘了一只夜读时来窗台串门的小虫。只要想起这本书，便觉得它是趣味横生的。太多的地方让人心有戚戚，太多的地方让人豁然开朗。越来越明白，不是这个世界太苍白，而是心灵太苍白；美常在，只在于观察和发现；寻常日子，如果善用美的眼光加以修饰包装，会足够艺术；一片自然景物，其实是一片心境的再现。

　　确实，世界因这份美的发现而有所不同，就如作者在开场白里所言："这本书，假若你看过之后，看到一首诗、一幅画或是一片自然风景的时候，比较从前感觉到较浓厚的趣味，懂得像什么样的经验才是美感的，然后再以美感的态度推到人生世相方面去，我的心愿就算达到了。"

　　感觉自己似乎做到了。因为在喜欢柴米油盐酱醋茶之外，似乎也爱一点琴棋书画诗酒花；在冬梅春桃盛开时，也会倏然而生"小桌呼朋三面坐，留将一面与梅花"或"两人对酌山花开，一杯一杯复一杯"的心境；行在路上，面对身畔的一枝一条、一草一叶的风姿，心生欢喜，觉得有支看不见的神笔正在大地上随性地描摹。好像已逐渐懂得美的内涵，且也很会发现生活之美了。

　　然而，在这个格外寒冷的冬天，重读这本书，才发现，以前的阅读忽略了太多重要的东西。作者所要讲述的美，被我大大地肤浅化狭窄化了。阅读，是与心境相连的，我们在阅读中所获得的，不过是心中一直在寻找着的某些东西罢了，至于其他，常常会像我们看自然景物一样，眼光扫过，却只是落脚于自己心仪之处，还有许多画面根本不去对焦凝视，不去看见。

假日里，有熟悉的小群曾热烈讨论，人到底要不要关注政治。我的看法是，关注政治不如多读点艺术和哲学，而一位朋友顺手就发过来一篇文章，大意是不关注政治的人是可耻的，因为每一个人都是社会人，关注社会明辨是非，是社会人的基本素养，责无旁贷，写得不无道理，但心中还是有些不以为然的。许是缘于这次讨论，当我重新打开《谈美》时，才发现，这本谈论美学的书竟然早把这点说清楚了，美、艺术从来都不会孤立地存在，它和社会密切相关。

书写于 1932 年，当时国家正处于内忧外患的动荡危难时刻，许多青年处于人生选择的关键时刻，在这样的大背景上，该和青年人来谈点什么呢？作者想来想去，决定和青年谈美。多奇怪啊，在这样的艰难时刻，作者选择了如此文艺的一个字眼。作者紧随着说，这一刻的青年人，需要的不是一盆八宝饭而是一帖清凉散。美又何以能成为清凉散呢？沿着这个方向，重读此书，我才发现了自己视野的狭窄。美，何止是生活里雅致的点缀呢？美的艺术内涵里，有爱，有原则，有信仰，有家国情怀，有太多我们心灵所追寻的好东西。美和好，原本就紧密相连。在作者看来，创造美的艺术家是最严肃不过的，一笔一画也不肯苟且，而这一点放到生活之中，就是认真做事，就是信守诺言，就是心无旁骛、心无亏欠，等等。比如吴国季扎去墓上挂剑，不过是为心中曾有的一个承诺而已。这样做是美的，是动人心的。诸此种种，一一读下去，我才恍然明白，作者开场白里被我所忽略的那一句："懂得像什么样的经验是美感的，然后再以美感的态度推到人生世相方面去。"这后面一句，才是作者的真正用意之所在。与其说这本书是在引导青年如何发现美、欣赏美、创造美，不如说它是引导青年如何借由"怡情养性"，如何在美的熏陶之中成为一个真正的人，成为有着纯洁高尚心灵、心怀天下、能奉行"无所为而为"精神的纯粹之人。

"无所为而为"的精神，在作者看来，是指做学问做事业的人，要把自己所做的学问事业当作一件艺术品看待，只求满足理想和情趣，不斤斤于利害得失，这样才可以有一番真正的成就，所有伟大的事业都出于宏远的眼界和豁达的胸襟，如果这两层不讲究，社会上不过是多一个忙官忙钱的人，这种人愈多，社会愈趋于腐浊。所谓的学者亦如是。这样的人，"俗不可耐"。在这里，作者对青年人有着怎样的殷殷期待啊，期待他们通过美的修养，来养成努力做事却对自我得失无所求的赤子之心。作者在书中说："在这封信里我只有一个很单纯的目的，就是研究如何'免俗'。"一切美的事物都有不令人俗的功效。不俗，即不媚俗，不流俗，不同俗。因此，寻求美，绝不仅仅是一种雅致的生活态度，更是一种严肃的生活态度。书中，作者所欣赏的人物皆是有气节有着英雄人格为底色的人，而作者自己的一生，亦是如此。读懂这些，心生敬意，心生惭愧。

美是柔弱的，却不可征服。真正的美，是有力量的。疫情当头，日本援助武汉的物品上都贴了雅致的诗句，"山川异域，风月同天"，"青山一道同云雨，明月何曾是两乡"，等等。加油的口号自然有其呐喊的力量，而这些美好细腻的文句，同样是有力量的，除了语言之美，还有一种婉转的善意、爱意、诚意深藏其中，它们的温柔，熨帖了心头的伤痛。

第92届奥斯卡颁奖典礼感言也带给我们诸多感动，瓦昆·菲尼克斯凭借《小丑》中的演技当选最佳男演员，感言的结束语是："用爱去拯救世界，和平自然会到来。"美从来都不是孤立的，与美同在的，还有善良、爱意、真诚。美学，在修养我们的内心，也期待以此改变社会。美，一直用温柔的方式让我们明白：

我爱，故世界美好，故世界温柔。

又寂寞又美好

——读《长腿叔叔》

"这种感觉真是非常、非常甜蜜。今后我将让你时时都欢欣喜悦，不会有片刻的伤心难过。"读到最后一封信的结束语，心中竟是万般留恋，无限不舍。是的，不想和主人公朱蒂说再见，不想合上好看的封底和封面。可真是一本舍不得读完的书啊。

在去成都的高铁上，沿途九个多小时，除了打盹和偶尔与同坐的朋友闲聊外，时间刚刚好，够我把这本《长腿叔叔》在回忆中又细细品味一遍。

第一次相遇是在很多年前。它被我定义为好看的爱情动画。那还是刚工作不久，某一天，打开那老式电视机，遇见了这部唯美至极的动画片《长腿叔叔》。雪景，山坡，安静的书桌，美丽的人儿，还有快乐的倾诉，忧伤的猜想……所有的画面都让人一见钟情，所有的讲述都婉转动人。最让人心怀憧憬的，是我由此相信，生活中一定有一个懂你的人存在，也许他正暗暗关心着你，虽然还没有出现，却一定是在某个地方，远方抑或近旁。于是，每当黄昏来临，当教美术的舍友支起画架，开始画那幅好像永远也画不完的风景油画时，我便会一边随意做些什么，一边准时等待那首主题曲优雅地响起。只记得一句歌词了，"两个人的世界，真好……"那些单纯和幻想的青春时光呵，好像都藏在这一句没有旋律的歌词里。岁月有些模糊的远处，就和朱蒂笔下的文字一样，是多么美好啊。

后来，每日忙碌奔波于家和学校之间，为读小学的儿子买下了这本薄薄的书信体小说。粗略翻过，才发现，那些文字里记录的，不过就是一些寻常的生活小事罢了。粗枝大叶的小男孩很快就没有了阅读的耐心，而我，也觉得它和记忆里的画面不相吻合，随手就把它扔在了一边。那时候的我，内心大概很粗糙，在阅读上也停留在喜欢热烈的词汇或热闹的情节层面，根本不懂得平实背后的意味和深情，也不懂得领略细微之事中的美好和诗意。

不过，庆幸的是，生活没有让我一直钝化下去。阅读之心虽然成长得慢了一些，但我终究没有错过真正的《长腿叔叔》。

某一天重新翻读，猛然发现它讲述日常的语言真是好啊，不事修饰，淡若清水，涓涓流淌，却余味无穷，似乎可以一直延伸到心灵深处。我也恍然明白，朱蒂用轻快而又满怀情绪的文字记录下的，正是我们每一个人又寂寞又美好的青春时光。成长的过程，其实就是这样寂寞的。那时，我们多么渴望遇见一个知音，一个倾听者，来指引我们懵懂的脚步。但也许，我们常常只能在安静的阅读中，在默默的等待中，在面对记事本的孤独中，心事缠绕，沉思惆怅，抑或欢喜雀跃，然后，在时光翩翩里逐渐明了自己的内心，逐渐走向独立和成熟。青春一定都是相似的吧。

而当我这次在高铁上再一次重读这本书，我常常会不由得停顿下来，看着窗玻璃上斜斜的雨丝，看着窗外一闪而过的绿和缭绕的云蒸霞蔚，发出会心的微笑。回望过去，那些暗藏在岁月深处的淡淡忧伤和欢喜，竟有了那般好看的色彩。

懂得青春是要在青春之后的。就如读懂童话也是要在历经世事之后的。这部小说里，爱情也许只是一个偶然。即使笔下的长腿叔叔并非心上人，依旧也没有什么好遗憾的吧，朱蒂这样的姑娘注定可以拥有灰姑娘的美丽邂逅，因为那一封封信件里，满满的都是爱意，对身边人的爱，对花草山水的爱，对生命的爱，对拥有的寻常或不寻常生活的爱，爱一定会有回响；因为生活的美好和意趣，其实都是藏在无数的生活小事之中的，朱蒂的美丽不只是外表，更在于她拥有一个有趣的灵魂，她的有趣让周围的一切都焕发了光彩；因为在一次次的倾诉之中，朱蒂已经明白了命运安排的深意，生命之中，一切都是最好的安排，每一寸光阴都有用，而且，正是那些孤独而非喧哗的时光，打磨了人的心灵。

也许，我从中懂得的，还有一点，用文字记录不仅是一种分享，更是对生命往事的回望和抚摸，而在对经历往事的回望和抚摸之中，我们也正为自己平淡的人生着色。

恰似短笛一两声，悠悠

——读吴冠中《文心独白》

～～～～～～

翻完吴冠中先生的散文集《文心独白》，正是江南冬日黄昏时。阴天细雨，暮色苍茫。天气原本有些阴郁，可当我倚窗而望，看到窗前一株老樱花树伸展着枝丫，枝丫上落着几只蜷缩成一团的麻雀，有些分不清哪是未凋零的枯叶哪是怕冷的鸟儿时，感受到的，竟然都是吴冠中画笔之下的线条和意境之美。在这样阴霾的天气里，我第一次领略到，风景如画这个比喻，原来绝不止于桃红柳绿式的浅薄。

画和画家，于我，一直是个较为陌生的领域。只是因为每天从办公室前往教室的路途，都要经过一条长长的曼妙檐廊，檐廊有一个美丽的名字——"诗画长廊"，长廊的两边，悬挂着幽雅经典的唐诗宋词，配着简洁文字的名画以及名画家的照片，长廊的入口处，便是白发苍苍的知名画家吴冠中先生，他温和的脸容上写满了沉思和沧桑，睿智的目光中带着一丝不易察觉的笑容，深情地注视着檐廊之外的天空，我每每从那里走过，都会经意或不经意地留意到照片下方的文字：吴冠中，1919 年生，我国学贯中西的艺术大师，其画作充满诗意，特别重视点、线、面的结合与搭配……在日复一日的脚步里，吴老先生和其他大师的名字渐渐变得亲切，也在心底对他们的曼妙画作生出诸多朦胧的向往。

有一次在图书馆流连忘返的时候，偶然发现了他两本簇新的散文集《短笛无腔》和《文心独白》，它们安于书架的一角，好像正沉静地等待某个相知的人来赏读。信手翻阅，最吸引我的，是书中那些用作插页的画作，三笔两笔淡墨，一根两根数根线条，或疏朗或浓密的运笔，那看似随心所欲的大片色块，勾勒出熟悉或不熟悉的景致和意蕴。我仿佛看到那弱小的墙角小花正在风中飘忽招摇，看到秋来黄叶落，看到江南三月杨柳岸，看到江南古镇青石板路上的密密行人，看到我并不熟悉的白桦林间鸟儿正展翅……生活的美，自然的美，平凡事物的美，一下子就在心中温柔地弥漫开来，偶然间转眼窗外，天空正飘着几丝细雨，斜斜地飘落，打在窗户上，落在庭院里，竟仿若吴老先生的又一幅绝妙的诗意之作。

后来，终于拥有了其中的一本——《文心独白》。一页一页翻开去，吴老先生的文字，带给我心灵的惊喜和冲击，并不亚于他的画。简洁凝练的语言，质朴真挚的情感，或长或短的文字里，留住的是这样或那样的情思，是对美的追寻，是闪念之间的智慧，是生活瞬间的定格……一位老人的睿智和真诚，深深吸引了我，好像在读个人传记，又好像在重新认识世界，还有点像在了解如何获得创作的灵感：

唯有作品，最赤裸裸地揭示了作者的灵魂。

掌握"术"容易，创造"美"困难。

具象的荷塘里毕竟是紊乱的，她只予人以点、线、块面组合间抽象美的启示，正如树叶的飘落启示了舞蹈家，残荷则启示了画家。

……

借助于这样的文字，吴老先生好像给了我们从寻常生活之中发现美的灵性和眼睛，不仅如此，他还用他人生的阅历和见识，书写对生活的热爱，对梦想的执著，书写为文、为画和为人的真诚。正如文中所说，画意和文意是相通的，它们都通向我们的心底，正是因为有了一颗向善向美的赤诚之心，他的笔下，才有了那些充满着情意、情趣、情思和哲理的文字和画作。吴冠中先生在他的另一本书中曾写过这样一段话："似闪光，忽醒悟，一种异样的思绪突然从心底升腾，……我于是用绘画或文字捕捉住这转瞬即逝的感受，捕获了，牢牢不放，剪之裁之，孵化成自己的作品……无论绘画，文学，我都不愿就别家的规范，不入其腔，只是信口吹笛，吹的，是牧童归去的怡然之情……真诚总会有知音……"这本文画兼美的《文心独白》，想要告诉我们的，亦是如此。

想起以前班里也曾有过几个选学美术的学生，只是他们的眼神里常表现出太多的茫然和厌倦，突然就有一种冲动，以后，一定会多和学生分享一些艺术家们的作品和心灵独白，会努力让他们明白，艺术，是这个世界上最有趣的游戏，正是这种游戏，化解了人类的沮丧和艰难。

恰似一声两声短笛，悠悠。只愿吴老先生的文字和画作，会成为所有真诚对待人生、喜爱捡拾人间美景的人们的知音。而当你爱上这些画和文，你会发现，行走在大自然之中，你也能看见顽石点头、倒影翩跹，你也会想要捡起一块绢布似的白桦树皮用来写情书，你更会常常迎面邂逅一幅吴冠中先生笔下的画作，心中由此生出无比的惊叹和欢喜。

水乡　郭静娟摄

被一本好书俘虏

~~~~~~~~

那天随意翻开一本杂志，在扉页上读到一段话——"几乎在每个人的命运中，书上的语言都起过无可比拟的作用，谁要是没被一本好书俘虏过，那将是最大的遗憾——一旦拒绝第二个现实，第二份经验，他最终会把自己封闭起来，并缩短自己的寿命"，忍不住惊呼"于我心有戚戚焉"！

回顾自己的成长岁月，一直都在做好书的俘虏，一直都心甘情愿地被它们掳去时间和情感。

懵懂少年时，曾有意全文背诵梁羽生的《萍踪侠影录》，一遍遍地翻读，唏嘘、惆怅、欢欣，醉心于扣人心弦的情节和荡气回肠的情感之中而无法自拔。背诵当然只是年少轻狂时的一个梦罢了，可我永忘不了美丽的云蕾和俊朗的张丹枫历经重重磨难后"相逢一笑泯恩仇"的瞬间，万千愁绪化于顾盼之间。"盈盈一笑 / 尽把恩仇了 / 赶上江南春未杳 / 春色花容相照 / 昨宵苦雨连绵 / 今朝丽日晴天 / 愁绪都随柳絮 / 随风化作轻烟"，那时的我不懂宋词，不识情爱，读这浪漫的结尾，只欣然于美好的人儿终有了一个美好的结局，心中是说不尽的欢喜；我也永忘不了云蕾着一袭湖蓝色衣裳，带着一丝哀怨飘然而来，如精灵，如仙子，那是我第一次结识"衣袂飘飘"这个词语，从那以后，一直对这个词语情有独钟，它总令我想起一幅真实又模糊的唯美画面。

也许正是少年时的这份魂牵梦萦，我不看这本书的电影和电视剧，我怕它们会卷去我的曼妙梦境，我愿意把那绝美而虚幻的镜头留存在我心深处，任由想象来尽情演绎"荡气回肠"和"千娇百媚"。

这样的吸引后来还出现过几次，多是为某一个情节某一个人物感到痛惜，夕阳西下的时候，一个人散步的时候，失落、忧伤就如潮水般涌来，久久不散。竟是在阅读里领会"心痛"这个词的，知道心和皮肤一样，一样有着真实的痛感。

回想起来，那些个牵挂与惆怅，那些个欢欣和忧伤，正缘于我不知不觉做了书的俘虏。

迷恋名著是在大学。开始是排斥，在走近故事之前，那大段大段的描写让我望而却步，而老师开出的书单一长串一长串的，更令我畏惧。看过英格丽·褒曼主演的《战地钟声》，看过费雯丽主演的《乱世佳人》，看过《蝴蝶梦》……它们逐渐在我心里生出诱惑，我试着一点点地接近，海明威、雨果、托尔斯泰、福楼拜、大仲马……一个又一个，文字的世界由此在我面前打开了另一扇奇异的窗，如果说那些炫目的武打和言情小说曾让我一见钟情的话，对名著的阅读，则让我懂得什么是"渐入佳境"，外表艰深严肃而远处风景无限的它们开始引领我窥视到文学殿堂的奇美风景。我不再只是寻求故事，不再单为情节人物悲欢，不再是出于原始的童稚的好奇心而阅读，我开始为更多美妙的东西着迷，人的心灵，异域的风情，复杂的人情，奇特的世界，还有很多缠绕在字里行间的我说不清的某种美、某种震撼。

我开始藏书。我把那些名著搜罗来放在身旁，一本一本，层层叠叠，看着它们我心花怒放，心满意足。事实上这让我养成了一个习惯，先阅读，后购买。阅读是一种检验和欣赏，购买则是一种纯粹的喜欢和占有。等我读到美学大师朱光潜的一段文字，我才明白这种阅读的变化是怎样的一个跨越。朱光潜说，不爱好诗而爱好小说戏剧的人大半在小说和戏剧中只能见到最粗浅的一部分，就是故事，而第一流的小说家不尽是会讲故事的人，第一流小说中的故事大半只像枯树搭成的花架，用处只在撑持住一园锦绣灿烂生气蓬勃的葛藤花卉，这些故事以外的东西就是小说中的诗，读小说只见到故事而没有见到它的诗，就好像看到花架而忘记架上的花。

那令我着迷而说不清的东西也许正是小说的韵味和诗味。

有了这次的飞跃，我逐渐能够接受朴素的散文和玄妙的诗歌，并为之沉醉感动。我开始真心地喜欢文字本身，常常由衷地感到，文字是落入人间的精灵，在不同的思想者笔下舞蹈。我在毫无修饰波澜不惊的文字里读到真情，读到意境，感受到心灵和文字刹那间交汇的美妙。"世间滋味尝遍，还是菜根香甜；天下文章览尽，最是真诚动人。淡中真味，常中神奇；不惟饭菜，文章亦然。"我终于明白了这话的精妙所在。

曾被多少本好书俘虏，我说不清。我只知道，我甘愿继续做书的俘虏，因为每一本好书都是我最慷慨的朋友，它们回赠给我一个更为丰厚的心灵世界。

课例小辑

看得见风景的窗户

丽人行　郭静娟摄

丽人行

三月
桃花用行草
写了满山坡的情话
一树一笺地开落

樱花和海棠
也用明艳的甜蜜小楷
一朵一朵认真叠加着衷肠
春天来不及阅读

便用一场春雨打湿了它们的心事

小院的篱笆边沉默着一株紫薇
早已心有所属
温柔的晨光里
它只是向着四月
张望了一下夏日倩影
便秀成了春色里款款而来的
丽人行

对一朵花微笑

——执教刘亮程《对一朵花微笑》

～～～～～～

（出示文章《逃离》，请学生自由阅读。）

师：自然是心灵的美丽家园，一棵树，一朵花，都可以成就一个故事，一份心情，文章《逃离》为我们演绎的是阅读一棵树带来的心情故事。大家在其中看到了怎样的心路历程？

生：一度想要逃离，最终却是归来；逃离是一种懦弱，沉醉才是最好的归宿；作者从一棵树的身上得到启迪，无须逃离，因为美丽的生活不在别处，而是躲藏在我们的心里。

师：以"逃离"为题，却得出了一个"无须逃离"的答案，是食堂门前的一棵树给了作者答案。这一定是棵有灵性的树，同学们想看看这棵给作者带来灵感的树吗？

生：想！

（学生异常好奇，教师出示一组照片。）

师：细心的同学可能早就发现，这篇文章没有署名，其实这篇选自《散文》的《逃离》，作者就是我！（卖这个关子，是想把它作为课堂的一个"包袱"抖开，带给学生一份意外的惊喜，果然，听课老师和学生都非常讶异，报以热烈掌声）故事很简单——在一个地方待久了，难免厌倦，即使我们的校园美丽如童话。曾经因疲惫、厌倦而茫然，隐隐想要逃离。后来，学校食堂门前的这棵树给了我启迪，它默默站立，执著于自己的土地，散发自己独特的美丽。它让我明白，唯有在平常的生活中找到快乐，才能让心灵逃离厌

夕阳下的香樟树　郭静娟摄

蓝天白云下的香樟树　郭静娟摄

原汁原味的香樟树　郭静娟摄

倦。这几张照片是我亲自拍摄的，看——

夕阳下的它，拙朴，奇异；蓝天白云下的它，枝繁叶茂，郁郁葱葱；原汁原味的它，平凡、朴素、美丽。

非常感谢这棵平常而漂亮的香樟树！

（照片加上老师自己的心路故事，极富有感染力，学生情绪异常饱满，学习的热情完全被激发。）

给同学们看这篇文章，是想告诉大家，自然有大美而无言，如果你愿意用心留意身边的一花一草一木的话，它就会赠给你一双发现美的眼睛，还会让你从中有所感悟。当然，我与自然的交流、对自然的感悟还是浅层次的，真正能与自然交融、与之进行心灵对话的，是当代文坛著名的散文家刘亮程。他对花朵的一次微笑，就让我们有了今天这次诗意的相遇。（显示幻灯片：一朵开怀大笑的花以及文字"《对一朵花微笑》刘亮程"。）

师：哪一位同学愿意为大家朗诵这篇小美文？

（一位女同学举手为大家朗诵，在轻柔明丽的音乐声中，女同学朗读得极出色，把文字和情感的美渲染到了极点，吸引了每一位同学和听课的老师。大家给予她热烈的掌声。）

师：为什么给大家推荐这篇文章？也有一个小插曲——大家还记得史铁生的《我与地坛》吗？当我第一次读完全文时，受到深深的震撼，我忍不住想把这篇文章推荐给认识的每一个人，并不厌其烦地为别人阅读它，在好长一段时间都认为，史铁生的《我与地坛》让其他的散文一下子就黯然失色了！可是，当我读到刘亮程的文章，我却忍不住微笑，发自内心地感叹，文字的魅力是无穷尽的，它就像阿拉丁神灯一样，永远能带给我们意想不到的惊喜。

相信它刚才一定也给你带来了惊喜，请画出最令你喜欢、最令你震撼或者最令你困惑的地方，用批注评点的方式写下你的共鸣、理由，可以是一个字、一句话、一段文字，可以从任何一个角度。

（给予相对充足的时间让学生品读、品味、评点。）

师：下面自由发言。

生：最喜欢"那种绿，是积攒了多少年的，一如我目光中的饥渴"，表达独特，比喻太巧妙了，富有感染力。

生：感动于这段话："一个在枯黄田野上劳忙半世的人，终于等来草木青青的一年。一小片。草木会不会等到我出人头地的一天？"作者从小草身上似乎感应到了自己，对自己的未来产生了一种希望和茫然，这让我仿佛见到了那片绿草，甚至想到了我的未来。

师：嗯。自然的身上，往往有自己的影子，注视那一片绿，读到的却可能是自己的心灵。

生：喜欢这一处："这不容易开一次的花朵，难得长出的一片叶子，在荒野中，我的微笑可能是对一个卑小生命的欢迎和鼓励。就像青青芳草让我看到一生中那些还未到来的美好前景。"我读到的是，人和自然是心灵相通的，一棵渺小的微不足道的小草，虽然没有人注视它，可默默的执著的生长终于让它迎来了春天，我们人何尝不是这样！

师：是啊，你对花朵微笑，花朵就会对你微笑；你对生活微笑，生活就会对你微笑。花儿让"我"明白了这个道理。与其说"我"对花的微笑是对一个卑小生命的欢迎和鼓励，倒不如说是"我"对这朵小花的感激，感激它让我明白了人生的道理。

生：欣赏开头那些俏皮别致的语言："我一回头，身后的草全开花了。一大片。好像谁说了一个笑话，把一滩草惹笑了。""是否我想的事情——一个人脑中的奇怪想法让草觉得好笑，在微风中笑得前仰后合。有的哈哈大笑，有的半掩芳唇……"拟人的手法很新颖，很有趣味，让我想到朱自清在《荷塘月色》中描写的"荷花"，我觉得它们有异曲同工之妙。

师：同学们说到了语言本身的美，这倒让我想起一直在思考的问题，一篇美文打动我们的是什么？是情感，是某个我们没有想到的人生哲理，还有就是纯粹的美的语言，正是有了这种"妙手偶得"的表达，才让我们阅读的时候怦然心动！

生：特别喜欢这一处："我虽不能像一头牛一样扑过去，猛吃一顿，但我可以在绿草中睡一觉。和我喜爱的东西一起睡，做一个梦，也是满足。"文字纯净自然，我喜欢这样质朴清新的语言。

师：英雄所见略同。我也留意到了这处一般同学不太会留意的文字。什么是纯净的文字？这就是。记得在《我为儿子记日记》中，曾记下一段真实的对话——

清晨，上幼儿园的儿子揉着惺忪的眼，似醒非醒，坐在桌子边发呆。桌子上铺展着一本厚厚的书，他伸出小手抚摸着，突然冒出一个有趣的问题：妈妈，为什么这页书上空了这么多，而其他纸上都是满满的？我郑重其事地解释：文章写到这里，一件事情宣告结束，需要停顿修整一下，然后才开始新的篇章。儿子听后，恍然大悟：哦，这一页原来是书的星期天！

（大家开怀大笑！这处"闲笔"其实是我有意设置的，我想用生活中真实生动的细节来打动学生，拉近自己和学生的距离，拉近学生和文本的距离。）

孩子的世界特别纯净，在他们眼里，一切事物都是有生命的，包括书，正是因为刘亮程的心中充满了爱和善意，像孩子一般真正把一草一木当成有生命的东西来注视，所以他的语言才能如童话一般纯净、清新，不染纤尘。

生：不太理解这一处："人埋在自己的事情里，埋得暗无天日。人把一件件事情干完，干好，人就渐渐出来了。"

师：这是作者从花草身上悟得的道理。看一看文中描写的花和草，再试着来理解。

生：我明白了！山上不知名的野花终于迎来了它的灿烂，那片草地终于等来草木青青的一年，这是告诉我们只要默默坚持，执著于自己的事，总有一天也会迎来自己出人头地的一天，会焕发出自身的精彩！（掌声）

生：文章说"我觉得，我成了荒野中的一个"，可为什么紧接着又说"真正进入一片荒野其实不容易，荒野旷敞着，这个巨大的门让你努力进入时不经意已经走出来"？

师：这也可以从文中寻找到答案。

生：最后一段里就隐含着答案，作者在花木身上看到了自己的投影，人和花木何其相似！但花木依旧是花木，我们终究无法探寻到花木的真实想法，与其说是读懂了花木，不如说是作者读懂了自己，所以作者才这么说。

师：说得好。这正应了一句俗话：花木本无情，花木本有情。花木的情其实是人类心灵情感的折射。刘亮程在另一篇文章中曾写道，真正认识一个村庄不容易，你甚至得长久地一生一世地潜伏在一个村庄里，全神贯注地留意他的一草一物，这样到你快老的时候，才能勉强地知道一点点。

生：我想问一个文章以外的问题。读过刘亮程的散文集《一个人的村庄》，在那些文章里，他对农村似乎特别留恋，而对喧哗热闹的城市有着一种排斥、一种敌意，真实的农村难道都如香格里拉一般美丽，如世外桃源一般令人神往吗？（第一个富有挑战性的问题，赢得了听课老师的掌声。）

师：这个问题提得尖锐。这让我想到了来时在大山里绕行的时光，山峦连绵起伏，好像总也没有完的时候，偶尔才看到一小处平地，特别令人惊喜！矮树低房，有耕牛，有炊烟，远远望去，真如陶渊明笔下的世外桃源一般，可也许是无边的大山让我畏惧的缘故，我忍不住扪心自问，如果让我远离喧嚣来这里生活，日出而作，日落而息，我会像陶渊明一样感到满足幸福吗？答案是多么无奈——不！炊烟袅袅，采菊东篱，劳作生存，与世无争，淡泊宁静，这样的世外桃源也许只是我们精神上的一处美好境地罢了！有其他同学发表看法吗？

生：我觉得刘亮程是从花花草草的大自然中得到心灵的感悟和享受，是心灵与自然的真诚对话，如果去死抠字眼，批评作者，那就是书呆子了。

生：我认为刘亮程深深爱着的，不是简单的农村，而是自己的家园，即使他生活在别的地方，他一定也会写出如此真切的文章，因为他挚爱自己的家园！我想借用艾青的两句诗来表达我的理解：为什么我的眼里常含泪水？因为我对这土地爱得深沉！（精彩！所有师生一起热烈鼓掌。）

师：太棒了！艾青的《我爱这土地》，正可说明刘亮程对生他养他的故乡的深情！

生：我也有一个边缘些的问题。我认为刘亮程过于敏感和多愁善感了，在他的另一篇文章中，有这么一个细节：一次，他看到一只鸟在他对面，就试着和它说话，鸟儿不理睬他，一下子飞走了，他便伤心地掉下了眼泪。他的感情是不是也太苍白脆弱了？我们毕竟是现实生活中的人，对一朵花微笑，为一只鸟儿流泪以及写这样的文章，是不是只是艺术家、文人的无事之作？（又一个尖锐的问题，又是掌声。）

师：是这样吗？仅仅只有艺术家才会注意到路边一草一木的美？刘亮程是一个附庸风雅的人？一个风花雪月的人？

生：不同意。他并非无病呻吟，他是出于对任何一个细小生命的怜惜。

生：不同意。艺术家当然更容易注意到自然中不寻常的美。但任何一个热爱自然热爱生活的人都可能会注意到，还有天真的孩子也会注意到。

师：对。从文字中，我们可以感受到，刘亮程是一个有童心的人，是一个有着悲天悯人情怀的人。一个热爱生活热爱自然的人，一个心中有大爱有真爱的人，都会关注自然中的点点滴滴，并能从中收获某种心情。

月是故乡明。一个人对自己的故乡，总有着非同一般的情感。刘亮程是带着对自然真诚的敬畏，对故乡的爱，带着一颗充满爱充满善意的心，来描写他熟悉的村庄熟悉的家乡的，所以他的文字才深深地打动了我们。

师：时间关系，我们只能讨论到这里。我们说，优秀的文字是解读不尽的，越解读越会觉得它深不可测，未尽处就留给课后吧。下面请允许我简单小结一下，这篇文章其实就是一种对话，是谁和谁之间的对话？

生：作者与自然的对话；作者与自己心灵的对话。

师：好！这确实是现实世界里的自己与心灵深处的自己两个自我的对话。

很多时候，要完成自己与心灵的对话，往往要借助外在的世界，而自然就像一面神奇的魔镜，总让我们读到内心的自我，它给了我们一双审视自己的眼睛。

感谢刘亮程，用他独特的文字、用他和自然的和谐对话提高了我们对自然的认识，对自我的认识。从今天起，试着对每一朵花微笑，因为自然是心灵最好的情人，愿你拥有发现美的眼睛，聆听到心灵深处的声音；从今天起，试着用心阅读，在阅读中感受文字的美、生活的美！

谢谢大家！再见！

附

对一朵花微笑

刘亮程

我一回头，身后的草全开花了。一大片。好像谁说了一个笑话，把一滩草惹笑了。

我正躺在山坡上想事情。是否我想的事情——一个人脑中的奇怪想法让草觉得好笑，在微风中笑得前仰后合。有的哈哈大笑，有的半掩芳唇，忍俊不禁。靠近我身边的两朵，一朵面朝我，张开薄薄的粉红花瓣，似有吟吟笑声入耳；另一朵则扭头掩面，仍不能遮住笑颜。我禁不住也笑了起来。先是微笑，继而哈哈大笑。

这是我第一次在荒野中，一个人笑出声来。

还有一次，我在麦地南边的一片绿草中睡了一觉。我太喜欢这片绿草了，墨绿墨绿，和周围的枯黄野地形成鲜明对比。

我想大概是一个月前，浇灌麦地的人没看好水，或许他把水放进麦田后睡觉去了。水漫过田埂，顺这条乾沟漫潩而下。枯萎多年的荒草终于等来一次生机。那种绿，是积攒了多少年的，一如我目光中的饥渴。我虽不能像一头牛一样扑过去，猛吃一顿，但我可以在绿草中睡一觉。和我喜爱的东西一起睡，做一个梦，也是满足。

一个在枯黄田野上劳忙半世的人，终于等来草木青青的一年。一小片。草木会不会等到我出人头地的一天？

这些简单地长几片叶、伸几条枝、开几瓣小花的草木，从没长高长大、没有茂盛过的草木，每年每年，从我少有笑容的脸和无精打采的行走中，看到的是否全是不景气？

我活得太严肃，呆板的脸似乎对生存已经麻木，忘了对一朵花微笑，为一片新叶欢欣和激动。这不容易开一次的花朵，难得长出的一片叶子，在荒野中，我的微笑可能是对一个卑小生命的欢迎和鼓励。就像青青芳草让我看到一生中那些还未到来的美好前景。

以后我觉得，我成了荒野中的一个。真正进入一片荒野其实不容易，荒野旷敞着，这个巨大的门让你努力进入时不经意已经走出来，成为外面人。它的细部永远对你紧闭着。

走进一株草、一滴水、一粒小虫的路可能更远。弄懂一棵草，并不仅限于把草喂到嘴里嚼嚼，尝尝味道。挖一个坑，把自己栽进去，浇点水，直愣愣站上半天，感觉到可能只是腿酸脚麻和腰疼，并不能断定草木长在土里也是这般情景。人没有草木那样深的根，无法知道土深处的事情。人埋在自己的事情里，埋得暗无天日。人把一件件事情干完，干好，人就渐渐出来了。

我从草木身上得到的只是一些人的道理，并不是草木的道理。我自以为弄懂了它们，其实我弄懂了自己。我不懂它们。

（刘亮程，著有散文集《一个人的村庄》等，该书曾引起巨大反响，甚至被誉为"20世纪最后的文学景观"。）

逃 离
郭静娟

食堂的门口有一棵树，矮矮的，向着横斜里舒展出几根粗粗的枝条，短短长长，一年四季，树干上都随意地点缀着些浓淡不一的绿。每每傍晚时分，我从那里走过，看它在夕阳里静静站立，就像站立在油画里一般，说不出的拙朴和奇异。天边的云霞，有时绚丽，有时深沉，仿佛是多变的背景音乐，让它不变的姿态有了韵律，日日为我诠释着风格迥异的美。

有一天，我终于为它驻足，在暮色里出神。

学生时代的我们，没有生活，书本就是我们的天，不能沉醉，却别无选择，按照程式完成了一次次幼、小、中学生的角色转换，终于可以逃离书卷校园，狂喜远不足以形容心情，纵然有着同吃同住的上铺姐妹，但各奔东西的伤感，怎么也挡不住我们匆匆离去的脚步。踏入绮丽的大千世界，看到生活正热情地招手，逃离的快乐如山高如水长。

快乐只是一层薄薄的面纱，没有来得及细品，就被一阵流浪的风吹远了。

琐碎的日子流水无痕，夹杂着落叶缤纷。遥想生活的时候，它是美的形态，投身其中，才感觉如锋芒般锐利。捷克作家米兰·昆德拉在他的小说《玩笑》中说：受到乌托邦声音的诱惑，他们拼命挤进天堂的大门，但当大门在身后砰然关上时，他们发现自己是在地狱里。生活有时就是这样的黑色幽默，让渺小的人们难堪无助。

只有逃离。逃离成了我们的本能选择，某个地方，某个人，某项工作，某种羁绊，只要感觉不再需要不再快乐，我们就变得脚步匆匆，张望起别处的生活，仿佛那里到处闪耀着快乐、自由、幸福、梦想的诱惑之花。可是，当我们怀着某种虚幻的愿望，极力想在生活的秋千上，荡到生命的最高处，最终回到的，却还是它原来的位置。

生活在我们逃亡的背影里开怀大笑。我们早已成了生活的一分子，无处可逃。

开始喜欢旅行，希望别处的风景时时宜人，以为陌生和距离会滤去尘沙，呈现哪怕不真实的美丽。在千山万水中惊鸿一瞥，在浮光掠影中雁过无痕，却只是偶尔惊艳，少有惊心动魄，兴味盎然而去，带着些许失落归来，风景地从来热热闹闹，只是没有我们逗留的理由。

心寂寞，世界所以寂寞。花开遍地，有人看到的依旧是满眼寂寥落寞。

想起最心爱的诗歌之一——王维的《竹里馆》："独坐幽篁里，弹琴复长啸。深林人不知，明月来相照。"羡煞了诗人有那样的勇气，逃出芜杂的尘世间，和明月为伴，和清风作友，自由地引吭高歌，仿若遗世人独立，静美之极。可在那幅想象的图画里，我常常咀嚼出百般的孤独，在空旷的世外山谷里无处遁形，竟让我有些不寒而栗。没有推窗邀月的情怀，没有把酒临风的洒脱，纵然逃到天涯海角，都是牢笼藩篱。可以逃离现实的喧嚣，终逃不了现代人那漫无边际的寂寞命运。

生活的网无处不在。

看着眼前这棵奇异的树，我明白，无需逃离。被刺痛着，也要承受。琐碎和锐利只是生活的假象，犹如玫瑰的刺，扎手之后是芬芳娇艳。

与其逃离，不如归来。

逃离是一种懦弱，沉醉却是我们最好的归宿。就像那棵树，独自站立，也可演绎风情万种，醉了路人。

生活不在别处，它躲藏在我们的心里，微笑着等待我们转过身来。

（此文发表于《散文》2003 年第 6 期，后选入《中华活页文选》《美文选粹》等杂志和文集。）

写在后面

学生的精彩，成就老师的精彩

2004 年去安徽宣城中学参加"沪苏皖浙新语文圆桌会议"，执教刘亮程的《对一朵花微笑》，是我第一次在大型活动上亮相。

当时很年轻，没有经历过大场面，很紧张。在学校试上过之后，只记得蔡明副校长说，如果只作为校级或县级公开课，自然是不错的，但若要走出江苏省，还差点火候，还需打磨。我自己也觉得不到位，但不知道如何打磨，每天想着，时间就近了，跟着高万祥校长等一行人出发，去往安徽。率性的高校长说，没事，我们提前几天去，去看看胡适的故居，领略一下黄山风景，说不定可以突破。可我这样一个原本爱旅行的人，因为有着上课这件心事，每当黄昏车绕行在安徽的无尽山路上时，便有些忧愁思家。

所幸，胡适的故乡绩溪的深幽和徽州山区不时出现的那些世外桃源式的平旷之地，给了我不少灵感，而当我怀着无限恐高的心情，手脚并用地爬上了黄山的莲花峰，竟似乎也从心理上克服了要面对大会场的恐惧，从容起来。在那次圆桌会议的展示课堂上，宣城中学学生的优秀超出了我的想象，我随机调整了一些设计，非常自如地上完了一堂课。那堂课让不少老师记住了我的名字和文章，也赢得了当时诸多名家如郭惠宇、袁湛江、曹勇军等老师对于后辈的赞美。

这次开课，有点像是里程碑，由此我对课堂设计似乎有所领悟，懂得了每一篇文本一定有它最契合的教学方式，而这需要在真正把握文本的基础上，以文本和学生为出发原点去进行设计，而老师自身不借助资料的解读能力则是关键。这次开课，成为了我学习和教学的新起点，自此之后，我更加珍惜每一次公开课机会，过程虽然辛苦，但不断寻找不断调整的过程，是最好的成长。

《对一朵花微笑》的课堂设计，在三个方面作了有意的布局。

另类的开篇。我平时喜欢写点小散文，也发表了一部分，这是我的优势所在，且年轻无畏，我最终选择了自己发表在《散文》杂志上的文章《逃离》作为突破点，以获得学生心理上的认同甚至敬佩，迅速拉近了和学生之间的距离。有了对《逃离》一文的阅读，又迅速拉近了学生和刘亮程文字的距离，而老师真实的写作心路历程则自然地拉近了学生和自我心灵的距离。

不闲的"闲话"。我在课堂中穿插了生活中的几个小故事，如史铁生与刘亮程文字的比较，关于儿子的日记……它们看似信手拈来，其实正如散文中的闲笔不闲一样，是刻意的选择，随机穿插而已。它们是点缀，是拓展，也是课堂中的烘托，正是它们，恰到好处地演绎了课堂活泼泼的生活气息，巧妙地把生活的精彩和语文的精彩揉合在一起，引燃了学生潜藏在心灵深处的对语文的兴趣和对生活的热爱。

简约的语言。《对一朵花微笑》首先是在文字上打动我的，这样的美文，课堂上教者的语言也该如一篇行云流水娓娓道来的散文，让人感受到文字的感染力，所以，我使用简洁而美的表达，力图上出韵味。

也许是缘于这三个方面的别出心裁，这堂公开课，学生是满意的，我自己是满意的，听课老师是满意的。有听课的老师问我："对这堂课最满意的地方是什么？"我说："我激发了学生的精彩！而学生的精彩，成就了我的精彩！"也有老师问我："最不满意的地方是什么？"我说："课堂永远有意外的生成，总有一些问题是意料之外的，面对它们，我的表现还不完美。譬如，有学生把刘亮程称为农民作家，这是不合适的，可我并没有指出。又如，对于学生质疑农村的美，学生用艾青的诗句作答，这比我的回答更精彩！"

这样的缺憾又时时提醒着我，作为语文老师，应不断阅读，不断思考，不断着笔，不断成长，才能一直用自身的丰厚去引领学生徜徉在文字的海洋里。

此外，这样的课型后来很少用，因为它看似简单，其实很费心思，一不小心，课堂就会显得散漫。

为寻常生活着色

——"你的生活很重要"写作指导

〜〜〜〜〜

一、导入

师：大家好，在这美好的季节，很高兴能和同学们共度一小段时光，希望这堂课也能有一点春天的芬芳。今天的课，从我家阳台开始，请看：

想起阳台上花盆里那矮矮的一簇簇香葱，它们在冬天里似乎停止了生长，总停留在同一个高度，可某一天，花盆的一角却突然出现了一棵荠菜苗，翠绿而水灵，没几天竟还开出了白色的小花。还清晰地记得那一瞬间的惊喜——我知道，有只鸟儿，已经在某个时刻来过我家的窗台逗留。

——郭静娟《我喜欢轻翻书页》

请根据文字简要评价一下我家的窗台。

生：寻常，美丽，小清新，诗意……

师：一起来看原型。（展示图片）

一声叹息！何止寻常！简直有点小丑！可就是它，带来了写作灵感。文字是个很奇妙的东西，它能为寻常生活、寻常事物穿上美丽衣衫。生活原本很少宏大壮观，所以，我们的笔触注定离不开描绘寻常生活。下面，就借助《冬鸟如花》一文来探索如何为寻常生活着色。

二、教学过程

（1）走进文本，细读文本。

师：请一位同学朗读。其他同学思考这篇文章描绘了生活中哪些寻常事物。

生：冬树，冬鸟。

师：冬天刚过去，走得还不远。你留意过这两样事物吗？你被文章中的它们打动了吗？

生：美，动人，有情感。冬树如画，冬鸟如花。

师：为什么冬树如画呢？因为冬树无叶，无花，枝干如线条。很多画家最喜欢的季节是冬天。

生：冬鸟不仅如花，还如铃铛，如新娘，如奇思妙想，一系列生动的比喻，把美形象化了，画面化了。

（老师展示摄影作品《冬鸟如花》）

冬鸟如花　郭静娟摄

师：自恋一下啊，这张照片是老师拍的，说明我的摄影水平并没有停留在小葱的高度上。其实，这篇文章的作者也是我。（学生惊讶，掌声）没有选择名家文章，是因为觉得这篇文章和今天要聊的话题很贴近，也因为我太熟悉这位作者，知道文字背后的故事。（学生乐）

师：无数次被冬天的树打动，被冬天的鸟儿吸引，但不知如何动笔，直到有一天，我拍到上面这张照片，在一场小雪之后。知道这是什么树吗？并非樱花树，樱花树上的麻雀飞走了，我没有拍到。这是银杏树。银杏特别美，春天看嫩叶，秋天看金色，冬天看枝干。

（2）体悟手法，学会着色。

师：冬天，鸟儿落在树上，真的很美。当我们感受到的美无法表现出来时，运用比喻是不错的选择。这是我们最熟悉的手法，但用好它并不容易。来做个小测试，请你用一个词语形容春天。

生：春暖花开，春光明媚，满园春色，生机勃勃，姹紫嫣红，桃红柳绿，春色撩人……

师：再说说你们东外校园里的花。

生：玉兰，桃花，樱花，迎春花，山茶花，樱桃花，梨花……

师：知道它们分别长在哪儿吗？花瓣、色泽，不开花时候的样子？

（学生答不出来）

师：明白为什么无法着笔了吧，因为没有看分明。你们用的词大多是习惯性不假思索的词，有大概，没有特别的点。看花如此，看其他事物也一样。看一下我们一位老师所写的春天：

我知道／燕子衔来的春日里／无数音符般的垂柳／有些是潇洒的离子烫／而你是迷人的卷毛头／我知道／酢浆草合睡时的娇柔／盛开时的美丽／海棠春睡／紫薇俏皮地打着口哨

看分明，才能抓住细部特征，抓住特征，才能自然而然地用好比喻。

师：同一片风景，在不同人的笔下呈现出不同的样子，因为每样事物，除了外在特征，还有某种内在的精神气质，它在每个人眼里是不一样的。比如说上面的潇洒、迷人、俏皮等。请同学们拿起笔，圈画出一至三自然段中能体现事物精神气质的词语。

生：沉默，忧伤，寂寥而深情，安静而风情，单薄而伶仃，赴早约，逗留……

师：很好。看分明，就是视物如人，把事物当作有生命的东西去注视，或者说，像凝望你喜欢的人一样去发现可爱之处，像盯着你的仇人一般去发现可恨之处，那么你的文字就会不一样了。如果你感受到了事物内在的精神气质，那么某棵树，某只鸟儿，某片风景，就不再是大家眼里的那一个，而是你心中独特的一个。比如，写这篇文章是因为我还看到了另一幅画面。（展示图片）

鸟如花　郭静娟摄

师：这一只拍得很清晰，请看图片。文中哪些词句让你们感觉到这只鸟在作者眼中特有的气质呢？

生：它多情，俏皮，安静地回眸，期待另一个，犹如"静女其姝"。运用了《诗经》中的句子。

师：很不错，不过还可以走得更远一些。来，请找出这几个句子：

第三自然段："原来是来赴早约的麻雀……只等风来，似乎便可摇落串串脆音，或者，摇落一树关于春天的心事。"

第七自然段："像不像是孤单很久的树终于迎来了它的新娘？……也许天空也不甘寂寞，所以才随手涂抹下它胡思乱想的灵感妙语。"

第八自然段："在期待另一个生动而轻盈的身影。"

这些句子运用了什么手法？

（学生交流，不能确定。）

师：没关系，其实我也是回看文章时才发现的。诗歌中有一种手法叫"代为之思，其情更远"，比如，你很想念你的朋友，你会想他此刻正在做什么呢，吃饭，看书，闲庭信步，或者看着月亮想念你……这么想其实是因为你很想他。而这几处，我也假想了一下，它们到底为什么会是我眼前看到的样子。一假想，文字就有趣了。

这个方法到底管不管用呢？看一张图片，是我们学校的流浪猫。它们很有故事，学生老师对它们都很好。有一只猫常和我们一起上早读课，学生读书，它坐那儿读人；还有一次，它坐在教室外面的走廊里，老师问一个问题，学生不会，鸦雀无声，它就喵了一声。学生不懂，它懂了。（学生乐）

来试试看到什么。（展示图片）

名车名模，穿得太多，没人看，睡会儿。

文／图　高东生

生：三只猫在摩托车上，两只瞪着大眼睛，一只在闭目养神，三只猫很胖，很可爱，很漂亮。

生：它们的眼睛闪着光，好像想要和你进行灵魂的对话。

师：还有什么吗？法拉蒂。（乐）法拉利耶！（谐音）怎么没有同学说呢？我们今天讲的第一点：看分明！你们觉得猫会想什么呢？

生：我什么时候才能开上法拉利呢？我希望自己能成为一只土豪猫，我到底选择过什么样的日子呢？

师：是我们学校的高东生老师拍到了这张照片。他看到了什么呢？法拉蒂，还有猫的一身漂亮的闪闪发亮的皮毛，于是他写下了这句：名车名模，穿得太多，没人看，睡会儿。

比较深刻，有讽刺意味，现在的车模越穿越少。我们虽然没有他想得深刻，但也很不错，看来这方法还是管用的。多试试，代为之思，也许能使你的文字趣味化、深刻化。

师："看分明，抓特征，用比喻；视物为人，代为之思"等，其实很多名家都在使用这些最基本的方法，只是用得很自然而已。推荐一位作家——鲍尔吉·原野。看他怎么描写我们最熟悉的小草，看前你可以想一下，初春小草，你会怎么描述呢？

（投影展示）

草在出生的时候，抱紧身体，宛如一根针，像对土地恳求：我不会占太多的地方。而它出生的土地，总是黑黑的，好像泪水盈满了土地的眼眶。草是绿色的火，在风和雨水里蔓延。一丛、一丛的，不觉中连成一片。在草的生命辞典里，没有孤独、自杀、清高、颓唐这些词语，它们尽最大的努力活着，日日夜夜，长长的绿袖子密密麻麻写的全是：生长。

土地哭了，为青草的出生；青草出生的土地，散发着草的汗香。

惠特曼说，"草是一种统一的象形文字，它的意思乃是：在宽广的地方和狭窄的地方都一样发芽，在黑人和白人中都一样生长"。面对着草，能体会谦卑的力量、贫贱的力量、民主的力量。这些观念像草一样，在静默中，分分秒秒生长。

——鲍尔吉·原野《草》

师：真好！越读越觉得好。他所用的，也正是这些方法。课后你可以仔细去琢磨一下。也许还有一种方法，"物中有人，或者说物中有己"。读《冬鸟如花》的最后一个自然段。每次有人问，如果让你选择成为一种动物，你选择什么？每次我都想到小鸟，特别羡慕小鸟的自由自在，可能是生活中的我循规蹈矩，而鸟儿的形象恰好满足了我心中对另一个自由自在世界的向往，因为这点，才有了这篇文章的结尾。

我们聊的是如何写寻常事物，写人其实也一样。大家可在随笔中一试。

三、课堂小结

师：今天，探讨了如何为寻常生活着色。讨论到这里，不知同学们是否明白，生活，其实无需着色。大家都读过路遥的《平凡的世界》，我们都生活在平凡的世界里，但我们的世界并不平凡，生活本身足够精彩，就如我拍摄的那两张鸟儿，我只是用文字还原了生活之美。今天所讲的技巧，在写作中属于低档次，是初学者的无奈之举。最高境界的文字，可能什么修辞都没用，只运用白描寥寥几笔，便可打动人心，正如有人说，所有的比喻都是蹩脚的，因为比喻毕竟是比喻。

所以，去看见世界的丰富吧，它是一切技巧的前提；去感知世界的独特吧，就如那张有点小丑的小葱，把它写得那么美，是因为我真的被那棵荠菜苗打动，我到现在都记得那一瞬间的惊喜。请记住朱光潜的一句话：语言，一半是事物的代名词，一半是人自身。

（展示照片）

师：这是我们学校高东生老师拍摄的，大眼睛豆娘，和蜻蜓差不多，为它起了一个名字：好奇。

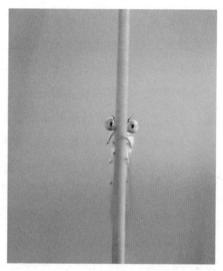

好奇　高东生摄

写在后面

2014 年我选送的《你的生活很重要·为寻常生活着色》课例，在首届"一师一优课"晒课活动中被评为"教育部优课"。2015 年在南京"东外杯"全国中学语文名师会课观摩活动中展示，得到黄玉峰老师和高万祥老师的盛赞。黄玉峰老师还即兴赋诗一首，后来又写成书法赠我留存，让我很感动。这堂课让我明白，课堂的创意来自平时的学习，阅读和写作本身就是最好的备课，而语文老师从某种程度上来说，应该是个杂家，或者，至少应该学得博杂一点。

附

冬鸟如花

郭静娟

冬天里，树叶越来越少，光秃秃的枝干，渐渐成了画家笔下的线条。所有凋零了叶的树，都是一幅画，疏朗的构图，感伤的意境，写意的笔法。

它们沉默地站立着。在冬日和煦的阳光下，在略带着忧伤的黄昏余晖里，在日日走过的小区一角，在偶尔经过的某个长廊一侧……一抬头，你总能遇见一棵唯剩下枝干的树。高大者总是寂寥而深情地仰望着天空，小株者则安静而风情地四处伸展着细密的枝丫。

有一天清晨出门，被楼下的一株樱花树吸引。灰褐色的枝干上，原本只剩下寥寥数片深红色叶子，它们稀疏地挂于枝头，单薄而伶仃，可这一天的樱花树，有些与众不同，两根横斜的枝干上，竟然都垂挂着一串灰色的铃铛，细看过去，才发现，原来是来赴早约的麻雀，一只，两只……五六七，共八只。它们蜷成圆融的球状，静静地逗留在枝干上，和那几片樱花叶相互映衬，如两串铃铛一般，垂挂着，只等风来，似乎便可摇落串串脆音，或者，摇落一树关于春天的心事。

想起春天时它们的样子。诗人说，春天里，它们的身体，像一把把打开的小铜锁，跳上跳下，在树枝上弹奏着自由。而冬天早晨的寒意，消除了它们的活泼，它们瑟缩着，躲进了自己温暖的羽毛里，可眼神依旧清灵。

奔回家拿相机，想记录下这串冬日里的音符，可当回来，樱花树上空荡荡的，唯剩那几片叶子，寂寞地等待着掉落的那一刻。

喜欢冬天里的这些小鸟。它们总带给我无限的遐想。

你看，一只流浪的鸟儿，偶尔栖息在某棵树的枝头时，像不像是孤单很久的树终于迎来了它的新娘？一群快乐的鸟儿，叽喳着落在光秃秃的银杏树干上时，像不像是盛情绽放的花朵，只是褪下了金黄灿烂的颜色？而当一列不知名的银白色鸟儿，闪着银光从我们的头顶飞速掠过，又带着我们的目光远去，飞向湛蓝的天空深处时，你是不是会觉得，也许天空也不甘寂寞，所以才随手涂抹下它胡思乱想时的灵感妙语，用来愉悦慰藉那些旅行者或者孤独者忧伤的内心？

记得有一个温暖的冬日午后，曾拿着相机，去一个少人多树的公园里，寻找鸟儿，想让镜头里冬日的沉寂世界变得轻盈和跳跃些。走在无人的石块小径上，远处总是传来啁啁啾啾的鸣唱，可等走近，那些黑白的、灰黄的鸟儿便箭一般地往远处掠去了，或者，悠悠地，跌宕着身姿，扑棱棱飞远了。无奈之下，索性找了一块向阳的石头，坐在融融的草地上，细数阳光。偶然间一侧头，不远处一株笔直的树梢头，不知何时翩翩飞来了一只灰黄的小鸟。它羽翼合拢，昂着头，多情地望向远方，偶尔，还俏皮地扭一下并不纤细的腰，顾盼有意，有时会倏地轻啄一下树干，掉转头来，安静地回眸，像在期待另一个生动而轻盈的身影。"静女其姝，俟我于城隅。爱而不见，搔首踟蹰。"《诗经》里曼妙风雅的句子，原来也适合美丽的鸟类。

那一刻，我屏住了呼吸，忘记了身处的世界。所有的一切，都交给了镜头，它记录下的，不只是一只鸟儿的故事，似乎还有童年的光阴和情怀。自己好像还原成了一个逃学的孩童，只为寻找一只喜欢的鸟儿，便忘却了所有的叮嘱，任由脚步，把自己带向有着欢歌的草地和树林。

时光，一定是个有情人，有些美好，即使我们以为忘却了，或者以为已经被无声的岁月淹没了，它依旧会在某个适当的时候，装作不经意地把那些美好交还给你，让你突然间就心中湿润。

窗外，不时响起一声两声熟悉的欢歌。冬日里，鸟儿，是时空里最朴素的花儿，它们，让唯剩下枝干的树，瞬间灵动起来，也让我们野鸟一般的心，跟随着它们的身影，四处流浪，找寻着另一个自由的奇幻世界。

"郎"字的妙用

——我教《念奴娇·赤壁怀古》

看得出，学生很喜欢苏轼的《念奴娇·赤壁怀古》，背诵也极快，可该怎么讲解呢？仅有诵读，他们的理解一定是不到位的，而逐句逐点地讲解，会不会削减这首词的美感呢？很多时候，文字的美在自我阅读时是会跳出朦胧的第一感的，学生只是说不出而已，而教师不得当的讲解方式会让学生的脑海中只剩下所谓的知识，却让这种模糊的美消解殆尽。闲翻易中天的《品三国》，我忽然有所悟，《念奴娇·赤壁怀古》的学习，就从这个"郎"字开始。

师：著名赤壁之战中有许多英雄人物，你能说出哪些？

生：（交流）孙权，诸葛亮，鲁肃，黄盖，周瑜……

师：词人最羡慕的英雄人物是谁？

生：周瑜。

师：词人是怎么称呼周瑜呢？

生：周郎和公瑾。

师：公瑾是周瑜的字，古人称呼自己一般称名，称呼别人一般称字，表示尊敬。而这个"郎"字让你想到什么？

生：（交流）年轻！帅！

师：感觉很到位。有个成语，同学们一定很熟悉，"郎才女貌"，这个"有才郎"还让你想到哪些形容年轻男子的词语？

生：（交流）玉树临风，丰神俊朗，风流倜傥，英俊潇洒，一表人才，风度翩翩……

师：苏轼在词中是怎样描写周郎的，符合这些词带给你的感觉吗？

生：符合。词中说他是"千古风流人物"，是"雄姿英发，羽扇纶巾"，是"谈笑间，樯橹灰飞烟灭"。给人的感觉是既一表人才，风度翩翩，又颇有大将风范。

师：周瑜是一员大将，根据这些描写，你觉得在"将"前加哪一个字来形容比较合适？

生："儒"字，"儒将"。

师：这和你印象中的周郎形象相同吗？

生：不完全相同。周瑜骁勇善战，是大都督，但总感觉他还没有那么完美高大。"既生瑜，何生亮""三气周瑜"的中周瑜要逊诸葛亮一筹，似乎没有苏轼词下那么完美！

师：看过电影《赤壁》了吧，饰演周郎的演员是谁？他是不是你想象中的周瑜形象？

生：是超级影帝梁朝伟，他的年龄似乎偏大，看起来有些文艺，眼神忧郁，他是那类温文尔雅又很深沉的男子。感觉上他们的气质不一样，周瑜应该更阳光，更率直，甚至有点凌驾于一切之上的那种，少年得志而轻狂！

师：你们的这些印象都来自哪一本书？我们要了解真实的周瑜应该去读哪一本书？

生：《三国演义》。也许应该去读一读《三国志》。

师：这两本书的区别在于一部是历史小说，一部是史书，我们对周瑜现有的印象大多来源于小说。小说的人物形象有历史的原型，但虚构的成分就比较浓。要还原人物的历史面貌当然要去翻一翻史书。

师：《三国志》中记载，历史上的周瑜，气度恢宏，雅致高亮。史书中还有"曲有误，周郎顾"的记载，是说周瑜精通音律，别人的曲子弹错了他就会回头看一看。正因为这个典故，唐代诗人李端《听筝》一诗中写道："为得周郎顾，时时误拂弦。"这样看来，导演选用梁朝伟来饰演周瑜有没有一定的道理？

生：有。历史上的周郎外表丰神俊朗，富有军事才华，又精通音律，正是"雄姿英发，羽扇纶巾"的儒将形象，看来《赤壁》中周瑜为小孩削笛等细节的虚构也并不是完全没有依据的。

师：周瑜的形象我们探讨得差不多了。现在来想一想，词中出现的"小乔"和这个周郎有关系吗？

生：小乔是周郎的妻子，是江东的第一美女，她的出现衬托得周郎的形象更为完美。这正应了"郎才女貌"之说。

师：衬托是一种手法，作者的主要用意应该就在于此。但赤壁之战中周瑜34岁，而他和小乔结婚时年仅24岁，为什么作者说是"小乔初嫁了"呢？

生：可能是苏轼对此细节并不很了解吧。

师：这个回答很有意思。这个问题确实有点难。这位同学的回答让我想到了一个术语——"模糊语言"，其实在文学作品中有时有一种文学表达，是不必过于拘泥事实的，苏轼不管是知道还是不知道周郎婚姻的长短，他这么说应该主要是为了衬托周瑜的年轻有为。仔细读一读这首词，衬这个周郎的除了美人小乔，还有没有别的？

生：是不是环境？那"如画江山"——"乱石穿空，惊涛拍岸，卷起千堆雪"，不正是英雄人物周瑜的最好写照吗？我觉得用它来做背景衬英雄最合适不过了。

师：试想，假如我们用"杨柳岸，晓风残月"来配合适否？

生：（大笑）太不般配了。

师：如画江山，很美！可这种美，不是一般的美，这是壮美。景物描写在诗歌中出现得非常频繁，它们常常是感情的触发点，即所谓触景生情，它们也常常是感情的依托，即所谓借景抒情，融情于景，而有时，景和人物形象之间也是有密切关系的，它对人物往往起衬托的作用。壮美之景正好配儒雅俊美的英雄人物周郎。

师：这样的一个周郎，让苏轼产生了哪些心绪？

生：敬仰之心，羡慕之心，希望像他一样建功立业有所作为的豪情。

师：背景资料我们早就熟悉了，苏轼写这首词时47岁，被贬黄州，和周瑜相比，处境有天壤之别。所以说周瑜的人生在某种程度上正是词人向往的理想境界。然而理想总要回归现实，联想到自己的现状，苏轼又有着怎样的情怀呢？

生：悲情。"多情应笑我，早生华发"，年华逝去，青春不再，仕途官场的失意让他唏嘘感慨。

师：可苏东坡的与众不同在于这两点吗？

生：不，在于他的旷达。

师：说得不错。苏轼的与众不同不在于对他人的羡慕和对自己的悲叹，更在于他经历种种之后的一种悟。细细琢磨一下"多情应笑我"中的"笑"字，这是怎样的一笑？

生：是带点悲凉的一笑，更是自嘲的一笑，洒脱的一笑。

师：说得很好。记得有一篇文章说，也许苏东坡应该感谢的，是他不断被下放，每下放一次，就更好一点，因为以前他的整个生命被现实的目的性绑住了，被下放的时候，才可以回到自我，才能感受到，历史上那些争名夺利，最后都变成了一场虚空。也许，正是因为回到了真实的自我，才能写出这么美的句子来。有自我，才拥有真正的美。

写在后面

讲诗词，不宜多，宜巧。为什么我们的学生不大喜欢诗词呢？大概就是因为我们讲得太多，又太过于注重技法传授，抑或因为我们自己并没有真正领会到其动人之处。这次以"郎"字切入的尝试，把内容的理解和技巧的把握自然地串联到了一起，也让课堂横生了许多趣味，给学生留下深刻印象。

因为对这土地爱得深沉

——我教老舍的《想北平》

师：今天我们学习老舍先生的《想北平》，细读文章之后，最让你动心动情也让你记忆最深刻的是哪一句？

生：好，不再说了吧，要落泪了。真想念北平呀！

师：自己出声读一下，看能不能读出要落泪的感觉。

生：好像读不出。

师：有没有谁因为想念一个人或一个地方想到要落泪的程度？

生：想念初中的好友时有这样的感觉。三年同来同往，朝夕相处，进入高中突然分开了很不适应，有时候会突然走神，有时候想哭。

师：想念一个地方有时是因为想念那里的人，想念那曾经的生活。没有离别之痛，也就不懂思念之情重。小学毕业时你们太小，不懂离别，初中毕业实际是你们人生中经历的第一次真正的离别，常常会想起他，想起她，想起他们，想起那里！有多少往事挤在心头想要诉说！现在，每个人都试着在心里定格初中岁月里的一个人，一群人，或者一个地方，套用老舍的语言格式在心中默读一下："好，不再说了吧，要落泪了。真想念他（她，他们，那里）呀！"

师：现在读出要落泪的感觉了吧！老舍的语言何其精妙啊！不过，风华正茂的你们正是最容易动感情的年龄。老舍写这篇文章时多大了？

生：37 岁。

师：从哪里看出来的？

生：资料上介绍，这篇文章写于 1936 年，是老舍离开北平十年后所写。文章第一自然段说他出生在北平，一直到廿七岁才离开。所以是 37 岁。

师：一个 37 岁的中年男子和少不更事的我们表达情感的方式恐怕是不一样的，他的感情应该更加内敛和含蓄。俗话说，男儿有泪不轻弹，只是未到伤心处。老舍和北平是怎样的关系？

生：北平是老舍的故乡，他出生在那儿，一直到 27 岁才离开。有资料说，老舍一生活了 67 年，他在北京度过了 42 年。他对北京一定有着极不一般的感情。

师：对。老舍这篇文章写于 1936 年，那时他在青岛的一所大学教书，离开北平正好是十年时间，十年的时间可以沉淀多少美好时光？期间有过多少次千回百转的刻骨思念呢？可以想见。思考一下，这种情和我们一般的思念之情有没有不同？

生：（交流）有。1936 年，是战乱前夕，生存艰难，民不聊生，日本帝国主义已经加紧了对中国的侵略，种种迹象表明北平危急，老舍是一个爱国知识分子，深爱自己的家园，这份深切的想念里除了普通的家园之思，应该还带有一份民族忧患意识。它比起我们的思念更多一份牵挂，更多一层忧虑，更为深沉。

师：离开故乡已整整十年，而故乡正处于危急关头，这样的时刻，怎么会不落泪呢？这就好比一个远在天涯的游子，想起远隔千里的老母亲，她体弱多病，而自己却远在千里暂时无能为力，这时候落下泪来，便是情理之中了。所以，读诗读文都要知人论世，了解一点写作的背景，了解一点作者的生平，我们会和作者的文字走得更近，阅读时才能获得更多的共鸣。

师：如此深沉的一份爱，除了文章最后一句那情不能已的真情告白，文章前半部分中还有没有这种类似的表述？

生：有。第二自然段，作者说是近乎爱母亲一般地爱北平，这是用类比的方法来表达他"真爱北平"。

师：非常准确。是类比，我们都爱自己的母亲，作者借用我们熟悉的例子来表达我们不是很熟悉的情感，我们理解起来就容易了。

生：在描述对母亲的爱中，我喜欢这两句："在我想做一件讨她老人家喜欢的事情的时候，我独自微微地笑着；在我想到她的健康而不放心的时候，我欲落泪。言语是不够表现我的心情的，只有独自微笑或落泪才足以把内心表达出来。"我说不出这两句话的好，但是，我似乎能体会到老舍那深沉的爱了。

师：这两句我也喜欢。前面我问过一个问题："有没有谁因为想念一个人或一个地方想到要落泪的程度？"大部分同学的答案是没有过。等待吧，以后会有的，那是人生中的美好时刻，说明你长大了，你懂得了人生中最弥足珍贵的一样东西——情，它包括爱情、友情、亲情。这两句话除了感情真切，还好在它有画面感。爱，看不见摸不着，但我们却似乎能通过画面见到了，这便是技巧上的"化抽象为具体"，正如"问君能有几多愁，恰似一江春水向东流"。

生：第二自然段中"每一个细小的事件中有个我，我的每一个思念中有个北平"，这让我深深感到，作者的生命和生活，已经和北平紧紧相连，是"你中有我，我中有你"，作者是用整个的心去爱北平的。

生：还有第三自然段中"真愿成为诗人，把一切好听好看的字都浸在自己的心血里，像杜鹃似的啼出北平的俊伟"，作者对北平的爱，已经深深地融在了自己的血液里。

师：找得不错。这些语言中蕴含的感情都是极其饱满极其浓烈的。第三自然段中还有一句，我读时极为心动，犹如在听偶像剧中的爱情经典台词呢！

生：是不是"我不能爱上海与天津，因为我心中有个北平"？

师：对，改编一下，看像不像一句经典台词。——"你很美，但我不能爱你，因为我的心中已经有个她！"多么动人啊！老舍像表白爱情一样深情地表达出了对一座城市的最高程度的热爱。

生：还有一句："假使让我家住巴黎，我一定会和没有家一样地感到寂苦。"巴黎如此之美，为什么却依旧不能排除作者内心思家的凄苦？

师：问得好！这正是关键所在。来到陌生而美丽的旅游景点，我们欣赏那美丽的风景，但它不会如故乡一般牵动我们的情怀。因为他乡再美，亦是他乡，月还是故乡明。

师：老舍反复地说"对北平的爱，我说不出来"，但是他到底有没有说出来呢？说出来了，而且还说得极其生动。还有另外一首诗你们可以读一读，是现代诗人艾青写于 1938 年的《我爱这土地》："……为什么我的眼里常含泪水，因为我对这土地爱得深沉！"对命运多舛的祖国母亲，对于北平，老舍和艾青一样，爱得深沉，说得热烈。

附

怀念如风

朱雯烨

仿佛一切都只是梦，仿佛我一直在这里，从未离开过。

靠近校园的那一刻，空气里瞬间就充满了幸福。美好的一切，潮水般重现。"阿姨好"，兴奋的声音穿过车流不息的马路，直向着对面小店的阿姨砸去。"呦，回来啦！"阿姨微笑着，一如三年间我熟悉的那样温暖。

是的，我回来了。回来了，我亲爱的外校，回来了，我的家。两个多月了，我以为紧张的高中生活已经平复了我的思念，可是，校园树梢的一阵微风，就吹皱了我的心湖。我在那大大的广场上走着，跑着，一圈又一圈，好久好久，就像是在为往事领跑。那样的瞬间，心中是单纯的快乐，好像一个孩子终于获得了期望已久的冰糖葫芦，而初中三年以来所有的酸，所有的甜，都凝固在那串冰糖葫芦上，闪闪发光。我捧着这串冰糖葫芦，心满意足。

一步一步地踏着面前的楼梯，走向以前的初三教室，某种熟悉的味道扑面而来，我甚至听到了一些嘈杂的声音。前门关着，我走到熟悉的后门，甩一甩头，手一伸，门把手一拧，门开了，呵呵，后门依然没有锁好，依然可以轻而易举地打开。教室内空荡荡的，我却不敢发出声响，生怕吵醒了某一张椅子，又或者踩疼了某一块地砖。我走到曾经属于我的那个角落，抚摸着桌面，一遍又一遍，偷偷刻下的那个字母还在，它在调皮地朝我笑，那笑容像是来自期待好久的老友，踩着轻轻地脚步，离开座位，依旧从后门出，关上门，然后离开。身后原本初三（4）班的牌子，已经换成了初一（4）班，却依然闪着光。我一步一步走下楼梯，心儿一点一点地下沉。

恍恍惚惚地，我已经站在了篮球场的中央。隐约听到一阵篮球碰到地面的声音，越来越响，嘭，嘭，嘭，这次，不是幻想，球场上有热闹的一群，又一群。最近的一个球场上，我看到熟悉的几个，他们是依旧在这个学校读高中的。身姿还和以往一样，那个Y一个漂亮的转身，又进了一个球……想起曾经，我笑了，嘴角上扬的瞬间，眼前却一片模糊，我仿佛看见，在另一个空间里，时光被冻结。原来，思念那样重，重得光阴载不动。

（这是一篇学生习作，《想北平》学生非常喜欢，写作文时不由自主就会仿用。）

写在后面

读老舍的《想北平》，被深深打动，那种情到深处的爱的表白，达到了一个人爱一座城市的最高境界。"好，不再说了吧，要落泪了。真想念北平呀！"每每读到这里，心中都有无限的怅惘低回。当为这句话落下句点，作者的心中该是怎样的千回百转，又会有着怎样深入骨髓的想念？

可老师们一起讨论时，都感到棘手，他们认为，老舍的语言太平实朴素了，又没有特别的细节，很难真正打动高一学生的内心。可是老舍的语言真的只是朴素吗？我不这么认为。老舍对于北平炽热的情怀、深沉的眷恋，该如何去让学生感同身受呢？反复品读这篇文章，我决定打破常规，从最后一句开讲，而且就从老舍的语言着手。这个教学片段，不仅让学生体会到了老舍对北平的一片深情，也让他们领略到了老舍的语言之美。

从此无心爱良夜

——我教《项脊轩志》

～～～～～～

师：唐代诗人李益写过一首诗《写情》："水纹珍簟思悠悠，千里佳期一夕休。从此无心爱良夜，任他明月下西楼。"这首诗表达的是恋人失约后的痛苦心情，心上人不在了，心灰意冷，良辰美景也不过形同虚设，徒增痛苦而已，所以，只能"任他明月下西楼"了。今天所学的《项脊轩志》，与此种情感甚为相似，抑或无奈更深。下面请同学们细读课文，找一找，对于明代第一散文家归有光来说，美好的"良夜""明月"到底指什么？文中是如何描述的？

生：项脊轩，旧南阁子也。

生："三五之夜""明月半墙""桂影斑驳""风移影动""珊珊可爱"。

生：第一自然段中修葺后的项脊轩，即南阁子，不仅包括三五之夜的明月半墙，也包括前面描写的庭院环境，"又杂植兰桂竹木于庭，旧时栏楯，亦遂增胜。借书满架……万籁有声；而庭阶寂寂，小鸟时来啄食，人至不去"。

师：找得不错，这是曾经给未经世事的作者带来一段美好回忆的地方，如果说修葺前的项脊轩又小又旧又破又暗，修葺之后的它是又明亮又雅致，有点"斯是陋室，惟吾德馨"的意味了。请再细读文章第一自然段的后半部分，看看它的"雅致"是如何体现的。

生：种的植物都比较有特点，清幽的兰，暗香浮动的桂，高洁脱俗的竹。环境雅致。

生：有满架书的陪伴，"借书满架，偃仰啸歌"，读书本身就是一件人生雅事。

生：整体都很清雅，种的是兰、桂、竹，放的是书满架。

生：整个环境既安静，又富有生气，"庭阶寂寂，小鸟时来啄食，人至不去"，人和自然相处和谐，给人以一种闲适、自在、愉悦之感。

师：很好。其实，不仅如此，应该还有一种安静的丰富，"万籁有声""风移影动"，风声、竹叶声、虫声、鸟声、吟诵声……想必都在其中，而所有的一切，都是"珊珊可爱"的，所有的时刻，也都是"良时""良日""良夜"，让人欢喜。这些描述充分让人感觉到一个少年独享一段自在时光时的美好和单纯清澈的快乐。

师：除了第一自然段，随着作者年岁的增长，美好的时光即"良夜"里有没有添加其他更加动人的东西？

生：有，"后五年，吾妻来归"，作者的妻子嫁过来之后，小小的书房中又增添了一段段红袖添香的甜蜜时光。

师：文中是怎么描述的？

生："时至轩中，从余问古事，或凭几学书"，还有和作者谈论起自己回娘家之后小姐妹们之间的对话，话题也与"南阁子"即项脊轩有关。

师：仔细比较一下，作者写少年时光一个人偃仰啸歌时的文字和后面写与妻子琴瑟和鸣的文字在风格上有没有不同？你更喜欢哪一段？

生：更喜欢第一段文字，节奏轻快，文字美丽，有画面感，读起来就让人感觉到作者心中的愉悦。

生：后面的叙述比较平静，好像没有带什么情感。

生：后面的文字不是没带感情，而是比较克制。但平淡之中似乎更让人伤感。

师：这些感觉都对。这篇文章作者其实是分两次写成，前三段写于19岁时，后面两段则写于十余年后，从"余既为此志"也可看出。也正因为此，前面部分的感情抒发比较"任性"，喜和悲都抒发得较明确，你们可以画出那些带感情的词句。

生："珊珊可爱""多可喜，亦多可悲""余泣，妪亦泣""如在昨日，令人长号不自禁"……

师：这一部分的情感描写比较明朗，悲喜分明，它符合一个年轻人的心态。而后面两段是作者人到中年且妻子去世之后所写，经历过世事沧桑，诸多事宜皆不顺人心意，与妻子之间的美好情感是生活中为数不多的暖色调，却也已凋零成为了过往，作者内心一定无限萧索，有一种"而今识尽愁滋味，欲说还休。欲说还休，却道天凉好个秋"之感，所以用笔就比较克制，这种克制，正是作者"从此无心爱良夜，任他明月下西楼"的一种体现。找一找，作者用哪些具体字眼体现了他的"无心"？

生："吾妻死，室坏不修"。"不修"可见其心境凄凉萧索。

生："其后二年，余久卧病无聊，乃使人复葺南阁子。其制稍异于前。然自后余多在外，不常居。"久病无聊之下，才复修，但修好了却"多在外，不常居"，这应该是不愿多往，怕睹物思人。

生：景在人不再，去那儿只能徒增伤心。

师：准确。再想一下，作者说，复修之后，"其制稍异于前"，其规模只是和以前稍有不同，既然如此，竹桂兰还在，书还在，小鸟还在，那作者何不放下悲伤重拾往日闲趣呢？

生：放不下也回不去，正如桐华的一部小说名字一样——"那些回不去的少年时光"。地方还是那个地方，人却不是那个人了。回去了，最多也只能是纳兰容若的词句了，"萧萧黄叶闭疏窗，沉思往事立残阳"。

生：肯定回不去的。因为有句歌词是这样写的："我一个人不孤单，想一个人才孤单。"

师：形容得很好。同学们虽然还年少，但看来某些情感还是能够领悟的。写过《追忆似水流年》的作家普鲁斯特说过："我们徒然回到我们曾经喜爱的地方：我们决不可能重睹它们，因为它们不是位于空间中，而是处在时间里，因为重游旧地的人不再是那个曾以自己的热情装点那个地方的儿童或少年了。"

师：归有光被评为明代第一散文家，其文字是"语淡而情深"，看似简单平常，却蕴藉含蓄，回味无穷。有人说，其实，所有的故事都是情感。确实如此。所以，阅读之时，要用心品读每一个字，用笔之时，也要记住，你不仅是在写景写事，更是在描摹心情。明了这点，你就能明白文章最后一句为什么会成为经典，会打动无数读者的内心了。"庭有枇杷树，吾妻死之年所手植也，今已亭亭如盖矣。"情之寂寞，情之无奈，都莫过于此吧。如果你还不能完全理解，也没关系，时间会慢慢让你懂得的。

写在后面

　　一切语言皆抒情。但有些好的富有情感的文字，年轻的心灵未必能懂。而当读懂，也许已是多年后。但错过这样的文字，终究是可惜的，所以，这次教学《项脊轩志》，放慢了速度，寻找新的切入点，领着他们细细体会，情感皆在字里行间。

风雅见情趣，风骨见人品

——《黄冈竹楼记》教学设计

~~~~~~~~~~

一、"艺术"导入，引出课题

前些日子，读一本绘画艺术方面的书时，被一段文字打动："艺术是最有趣的游戏之一，就是这种游戏，化解了人类的沮丧和艰难。而带给我们这些游戏的人，通常被称为艺术大师，他们用一种魔法，带我们超越平庸的生活，让我们拥有另外一个诗意的世界。"你是不是也对这段文字一见倾心呢？很有意思的是，后来在读木心的诗集时，又读到这样的句子："艺术家都是自我拓荒者"，"文学是一字一字地救出自己"。不同的表述，相同的内涵，可见，人类的心灵在某些时候是相通的。下面，我们就通过学习宋代王禹偁所写的《黄冈竹楼记》一文，来感受一下艺术文学对人类心灵的救赎。

PPT 展示：

艺术是最有趣的游戏之一，就是这种游戏，化解了人类的沮丧和艰难。——德国画家贝克曼

艺术家都是自我拓荒者。——木心

文学是一字一字地救出自己。——木心

二、研读妙处，品其"风雅"

（一）言内寻"境遇"，言外察"心境"
朗读一遍课文，一边读一边思考两个小问题：
（1）作者是在什么境遇下写作此文的？用文中的一个词来概括。
（2）文中是如何具体描述这种境遇的？找出品味。
讨论明确：
谪居。从文中第三自然段结句可以看出——"亦谪居之胜概也"。
具体描述见文中最后一自然段：

噫！吾以至道乙未岁，自翰林出滁上，丙申移广陵，丁酉又入西掖，戊戌岁除日有齐安（黄州郡名齐安）之命，己亥闰三月到郡。四年之间，奔走不暇，未知明年又在何处，岂惧竹楼之易朽乎！

请同学诵读，并思考讨论这一段记叙有何特别之处。
老师提示：此处运用了干支纪年法，也就是写了自己连续四年之中的工作变动。语言看似平实，其实暗藏情感，颇耐人寻味。这种表现手法，就像我们描述自己的学习生活之辛苦，你可以直接抒情，"苦不堪言，不堪回首，昏天黑地，累成狗"等，但似乎都不会有一张密集细致的时间安排表来得有力。
讨论明确：
这段文字，是作者补充介绍自己的一段人生经历，初读感觉较为寻常，全文之中，此处语言最为朴实，也最容易被忽略，但仔细品味这段履历，却让人感觉有些心酸。因为其履历是这样的：乙未出—丙申移—丁酉入—戊戌有齐安之命—己亥到郡……平淡的语言，描述的正是作者四年之中被不同的任命驱使东奔西走的狼狈人生。一份读来看似不着悲喜痕迹的时间履历表，记录的是作者漂泊无着、仕途不定、前途未知的艰难窘迫。如果用一个直白的字来形容，也许会是"悲（凉），怨（恨），冷（心灰意冷），郁（闷）……"，但作者没有直说。生活中的不如意，被作者轻轻一笔带过，"未知明年又在何处，岂惧竹楼之易朽乎"。云淡风轻，正是"不着一字，尽得风流"。

老师补充《古文观止》中公羊羽的点评："细叙数年履历，如闲云野鹤，去留无定，读之可为怆然。"

明确：看似闲云野鹤，其实命运坎坷，去留无定。这种不动声色的怆然，与大文豪苏东坡感慨自己的苍凉人生所用的自嘲是一样的手法，"问汝平生功业，黄州惠州儋州"。幽默的话语，读来让人一笑，却又鼻子一酸；鼻子一酸，却又令人为之一叹。

（二）言行之中看"情致"，爱好之中见"心灵"

其实，我们的内心总是会不经意中在字里行间走光。文中第三自然段有一句，"手执《周易》一卷，焚香默坐，消遣世虑"，其中"世虑"就是满腹辛酸的明证。

思考作者是如何来"消遣世虑"的呢？品读原文，分别用两个字来概括。从中我们可以看出作者是一个什么样的人？

原文链接：

远吞山光，平挹江濑，幽阒辽夐（同"迥"），不可具状。夏宜急雨，有瀑布声；冬宜密雪，有碎玉声。宜鼓琴，琴调虚畅；宜咏诗，诗韵清绝；宜围棋，子声丁丁（zhēng）然；宜投壶（古人宴饮时的一种游戏，以矢投壶中，投中次数多者为胜。胜者斟酒使败者饮），矢声铮铮（chēng）然；皆竹楼之所助也。

公退之暇，被鹤氅（chǎng，羽衣）衣，戴华阳巾（道士所戴的头巾），手执《周易》一卷，焚香默坐，消遣世虑。江山之外，第见风帆沙鸟，烟云竹树而已。待其酒力醒，茶烟歇，送夕阳，迎素月，亦谪居之胜概（胜概：美好的生活状况）也。

讨论明确：

读经、赏景、喝酒、煮茶、鼓琴、吟诗、下棋、听声。

作者应该是一个风雅（风流、有趣）之人。

作者于城郊一隅，草木之中，作小楼二间，看窗外山水，读经赏景，喝酒吟诗，煮茶听声，下棋投壶，送日迎月……透过作者清雅的文字描述，不禁让人想象，作者身居竹楼之中的那一段黄州岁月，风雅恬适，羡煞后人。所谓岁月静好，风流风雅，也无非如此。可见，面对生活的困境，作者没有沉浸在悲愤怨恨的情绪之中，而是用自己独特的审美、艺术趣味的方式消解了人生种种不如意，走向了一种超脱。

有一副对联是这样的："柴米油盐酱醋茶，琴棋书画诗酒花"，下联表达的是琐碎生活之外风花雪月的风雅人生。结合作者的人生境遇和人生表现，思考什么才是真正的"风雅"。

讨论明确：

真正的风雅，并不单是风花雪月式的轻松点缀；所谓的诗意栖居，也不是在一切条件都具备的情况下过优哉游哉的精致生活。风雅，更多是指，在人生平凡甚至并不完全如意的情况下，依旧保有发现美创造美的能力，拥有享受人生乐趣的诗意心灵。平常人生，不可能事事如意，更难免平庸平淡，那么，最重要的就是如何用诗意的情怀和审美的生命态度，试着把自己的平淡人生或者不如意的人生艺术化，使日子变得有点意思，最好能再用属于自己的独特方式创造或大或小的价值。

三、深度思考，感其"风骨"

木心说，"艺术家都是自我拓荒者"，反复品读作者"消遣世虑"的文句，确实可以看出，真正的文人都是艺术家，他们一直在用风雅的方式化解人生中的艰难和平庸。仅这一点，已足够打动人。但是，这样的"风雅"还不足以代表作者的全部，除了风雅之外，还有更重要的一点，那就是"风骨"，请细读全文，品味其"风骨"所在。

（一）思考文题

"黄冈竹楼记"，作者选择"竹"这个意象，有何用意？

讨论明确：作者择竹建楼而居，竹本高洁正直，是理想人格的象征，此文也可以说是托物言志。

（二）品读景语

诵读第二、三自然段，思考：作者所爱之声、所喜之物有何特点？

讨论明确：所爱之声，是夏日急雨，是冬日密雪，急密之中，其音铿然有力，铮铮之声，可闻铮铮铁骨。日常消遣，是怜琴爱棋，琴声棋声，也是清脆激越，此外，琴弦直而棋局方，琴弦、棋局的宁折不弯，也能彰显作者耿直方正的人格魅力。

（三）直抒胸臆

思考：文章有没有直抒胸臆的地方？

讨论明确：文中第四自然段写道："彼齐云、落星（均为古代名楼），高则高矣；井幹（hán）、丽谯（亦为古代名楼），华则华矣；止于贮妓女，藏歌舞，非骚人之事，吾所不取。"对于那些高大华美之名楼，作者的宣言掷地有声："吾所不取"；不取，实为不屑也。由此可见，作者的风雅背后，还有凛然风骨。

（四）延伸阅读

据说，在被称为吴中第一山的苏州虎丘山侧，有五贤祠，曾担任过苏州刺史的王禹偁亦被供奉其中。当初，苏轼经过苏州虎丘寺时，见公之画像，对其不胜景仰，提笔写下了《王元之画像赞并序》，元之是其字，苏轼称他为"以雄文直道，独立当世"之君子，叹息"想其遗风余烈，愿为执鞭而不可得"。能让苏轼如此敬佩的，世上又有几人呢？其顶天立地的君子风骨，可见一斑。

资料链接一（PPT展示，让学生课后自己去翻译）：

传曰："不有君子，其能国乎？"予尝三复斯言，未尝不流涕太息也。如汉汲黯、萧望之、李固，吴张昭，唐魏郑公、狄仁杰，皆以身殉义。招之不来，麾之不去，正色而立于朝，则豺狼狐狸自相吞噬，故能消祸于未形，救危于将亡。皆如公孙丞相、张禹、胡广，虽累千百，缓急岂可望乎？故翰林王公元之，以雄文直道，独立当世，足以追配此六君子者。方是时，朝廷清明，无大奸慝，然公犹不容于中，耿然如秋霜夏日不可狎玩，至于三黜而死。倘不幸而处于众邪之间、安危之际，则公之所为，必将惊世绝俗，使斗筲穿窬之流，心破胆裂，岂特如此而已乎？始予过苏州虎丘寺，见公之画像，想其遗风余烈，愿为执鞭而不可得。

——苏轼《王元之画像赞并序》节选

资料链接二（PPT 展示）：

王禹偁简介：

字元之，山东人。北宋诗人、散文家、史学家。为北宋诗文革新运动的先驱，文崇韩愈、柳宗元，诗崇杜甫、白居易，多反映社会现实，风格清新平易。历任右拾遗、左司谏、知制诰、翰林学士。敢于直言讽谏，因此屡遭贬谪。宋真宗即位，召还，复知制诰。后贬至黄州，故世称"王黄州"，后又迁蕲州病死。

四、小结：由个见类，美在文人

"风雅"与"风骨"，这两个词正是此文作者的魅力所在。正如你们学校的校训"品直学芳"一样，品直可谓"风骨"，"学芳"方可走向真正的"风雅"，这也应该成为我们每个人一生在自我修养上的追求。

有时候，很喜欢阅读古人，不仅是喜欢他们的文字，更是被他们身上的风雅和风骨打动，就像读王禹偁，读苏轼，读韩愈……在他们优美的文笔之下，还可以借由他们不平凡的生命历程，逐渐去懂得，他人的苦难和失意并不足以打动我们，打动我们的，其实是他们身上风雅的、审美的、从容的、自我的生命态度，即在任何境遇下，都不庸俗，不苟且，不自怨自艾，不停下，不辜负。

希望同学们能真正爱上文言，不仅爱文言的表达之美，也能从中感知古人的心灵之趣和人格之美。

五、作业布置

课后阅读梁衡的《读韩愈》、林语堂的《苏东坡传序》，并结合学过的诗文，选择其中一人，品味其身上的"风雅"与"风骨"。

写在后面

一篇好的文言文到底能带给学生多少东西呢？这堂课作了一次探索。

文章短小精悍，表达有特色，多短句，唯美诗意，读来朗朗上口，富有节奏感，故先让学生课前熟读、课堂诵读，充分领略言简意赅之美。

课堂的切入点是关键。作者的内心不是没有世俗的愁虑苦闷，甚至比常人更多，但却用风雅、审美的方式把不如意的人生趣味化、丰富化了。选择文本最后一段，也是最为平实的一段——作者的"人生履历"处进入文本，别有用意。学生正处于青春年华，像"而今识尽愁滋味，欲说还休。欲说还休，却道天凉好个秋"这种平实之中的沧桑苍凉之感，在学生那里往往是被忽略的。特意以"学习之苦"为例，运用类比法，让学生领会这一段表达的精妙，领会平淡言语背后的无尽怆然。同时，也可较自然地进行读写两方面的点拨，即写作中有时含蓄比直白更打动人，更令人回味，"不着一字，尽得风流"。

一堂好的语文课，应该多一些诗意的美育和深刻的生命教育。关于这一点，课后还可引导学生去读一读朱光潜先生的《谈美》以作拓展。从文言中仰望古人之风采，稍微懂得一点如何去超越日常的平庸和功利，在生命里刻有一丝坚守的品质和诗意的情怀，这些对于正打着精神底子的年轻学生来说，应该也是很必要的。

附

黄冈竹楼记

宋·王禹偁

黄冈之地多竹，大者如椽。竹工破之，刳去其节，用代陶瓦。比屋皆然，以其价廉而工省也。

子城西北隅，雉堞圮毁，蓁莽荒秽，因作小楼二间，与月波楼通。远吞山光，平挹江濑，幽阒辽夐，不可具状。夏宜急雨，有瀑布声；冬宜密雪，有碎玉声。宜鼓琴，琴调虚畅；宜咏诗，诗韵清绝；宜围棋，子声丁丁然；

宜投壶，矢声铮铮然；皆竹楼之所助也。

公退之暇，被鹤氅衣，戴华阳巾，手执《周易》一卷，焚香默坐，消遣世虑。江山之外，第见风帆沙鸟，烟云竹树而已。待其酒力醒，茶烟歇，送夕阳，迎素月，亦谪居之胜概也。

彼齐云、落星，高则高矣；井幹、丽谯，华则华矣；止于贮妓女，藏歌舞，非骚人之事，吾所不取。

吾闻竹工云：竹之为瓦，仅十稔；若重复之，得二十稔。噫！吾以至道乙未岁，自翰林出滁上，丙申移广陵，丁酉又入西掖，戊戌岁除日有齐安之命，己亥闰三月到郡。四年之间，奔走不暇，未知明年又在何处，岂惧竹楼之易朽乎！幸后之人与我同志，嗣而葺之，庶斯楼之不朽也！

趣文趣教
——汪曾祺《葡萄月令》教学设计

～～～～～～

一、识其人

借用汪曾祺先生自己的文字，展示一个丰满、生动、有趣的作者形象，让学生对其人对其文产生浓厚的兴趣。因为自己一直喜欢阅读汪曾祺的小说和散文，所以很容易就从《汪曾祺散文选》一书中找到了几则他自我描述的材料。

①体力充沛，材料凑手，做几个菜，是很有意思的。到一个新地方，我不爱逛百货商场，却爱逛菜市，菜市更有生活气息一些。买菜的过程，也是构思的过程。想炒一盘雪里蕻冬笋，菜市冬笋卖完了，却有新到的荷兰豌豆，只好临时"改戏"。冰糖肘子、腐乳肉，何时煨软入味，只有神而明之，但更重要的是想象。有一道菜，敢称是我的发明：塞肉回锅油条。油条切段，寸半许长，肉馅剁至成泥，入细葱花、少量榨菜或酱瓜末拌匀，塞入油条中，入半开油锅重炸。嚼之酥碎，真可声动十里人。

②我的画，不中不西，不今不古，真正是"写意"，带有很大的随意性。曾画了一幅紫藤，满纸淋漓，水汽很足，几乎不辨花形。挂在家里，一个同乡来，问我画的是什么，我说："骤雨初晴。"他端详了一会，说："哎，经你一说，是有点那个意思！"他还能看出彩墨之间的一些小块空白，是阳光。

③我的孩子有时叫我"爸"，有时叫我"老头子"，连我的孙女也跟着叫。

我的亲家母说这孩子没大没小，我觉得一个现代化的、充满人情味的家庭，必须做到"没大没小"，父母教人敬畏，儿女"笔管条直"最没有意思。儿女是属于他们自己的。他们的现在和他们的未来，都应由他们自己来设计。一个想用自己理想的模式塑造自己的孩子的父亲是愚蠢的，而且，可恶！另外作为一个父亲，应该尽量保持一点童心。

④毕业于西南联大中国文学系。选择西南联大，可能因为那里有一个沈从文。

读大学时，上课很少记笔记，时常缺课。我只能从兴趣出发，随心所欲，乱七八糟地看一些书。白天在茶馆里，夜晚在图书馆里，于是，我只能成为一个作家了。

在 PPT 上展示这四段文字，让学生分别据之推测其人的身份和个性特点。

板书学生猜测：

①身份——大厨、煮夫、家庭妇男、爱做菜的老爸等。

　性格——爱做菜、随意、富有创意、热爱生活等。

②身份——（业余）画家，善于写意画，追求意境。

　性格—— 风趣可爱。

③身份—— 老顽童、老小孩、好父亲、教育家等。

　性格——民主、童心、富有人情味等。（提醒：我们班的男同学，将来都会成为一个父亲，记得要永远带有一点童心哦，那样会让你和你的家人生活更幸福。）

④身份——作家（确定其真实身份）。

　性格——随意率性，文字风格追求纯美。（此处可补充：我们学过沈从文先生的小说《边城》，如果用一个字来形容《边城》带给我们的感觉，那应该是："纯""真""善"或"美"。汪曾祺大学备考时，除了教科书，只带了两本书——《沈从文小说集》和屠格涅夫的《猎人笔记》。入学后，他又成了沈从文的入室弟子、得意弟子，他的文风，当然会深受其影响。）

明确这个爱做菜的、爱画画的、有趣味的、极富有童心的作家就是汪曾祺。在此基础上，简略穿插汪曾祺的相关介绍：

现代作家，江苏高邮人。高邮特产是双黄蛋，但更为珍贵的永久的特产，应该是汪曾祺。记得余秋雨写他坐火车从浙江去往上海，如是说：火车外面，陆游、徐渭的家乡过去了，鲁迅、周作人的家乡过去了，郁达夫、茅盾的家乡过去了，丰子恺、徐志摩的家乡过去了……这么多刻在我们心底的名字，他们的家乡有着一个共同的动人的名字——浙江。而因为汪曾祺，"高邮"这个地名，在我们眼里也变得格外诗意。汪曾祺先生的代表作品有《受戒》《大淖记事》《天鹅之死》《黄油烙饼》等小说，《葡萄月令》《翠湖心影》等散文。《葡萄月令》是其散文《关于葡萄》中的一个部分，可以独立成文。另两个章节分别是"葡萄和爬山虎""葡萄的来历"。

二、爱其文

汪曾祺说过："探索一个作家的气质、他的思想（他的生活态度，不是理念），必须由语言入手，并始终浸在作者的语言里。""作品的语言映照出作者的全部文化修养。"所以，语言不仅是技巧，它更是一个人思想、情感的外衣，或者说，语言就是你这个人。接下来借由《葡萄月令》这篇文章，来看看其文是不是吻合其人。

让学生从文中找依据，看是不是符合刚才所说的各种身份，并对寻找出来的文字依据进行赏析。

（1）厨师身份。

依据一："葡萄的卷须有一点淡淡的甜味。这东西如果腌成咸菜，大概不难吃。"

提问学生是否有过这样的做法，是否品尝过任何一种植物的叶子。为什么没有呢？因为缺少那么一点好奇心，缺少作者的那份童心，而正是因为缺少这些，对许多事物的观察便只浮于表面，只是自以为了解，所以写出来的文字当然只能是大众之言，难以做到独到出奇。

依据二：除了这一处，讨论是否还有其他地方可以说明这个身份。这里可提醒学生全文的行文特别之处。《葡萄月令》是以葡萄为素材的，如果比作一道菜，它的原料不名贵，只能算是一道家常菜，可这道家常菜做得不寻常。首先是名字很美——月令。"月令"指农历某个月的气候和物候。物候指生物的周期性现象（如植物的发芽、开花、结果，候鸟的迁徙，某些动物的冬眠等）与季节气候的关系。这篇文章介绍一年之中与葡萄的种植、培育、采摘、贮藏等有关的"知识"，是一篇地地道道的说明文，可它和我们读到的任何一篇说明文都不相同，从一月到十二月，写得极富情趣，它的行文结构也非常美，非常别致。作者确实是一个很有创意的厨师。有人说，作文正如做菜，做菜需要构思、创意，作文也是。

此处补充汪曾祺的创作原则：曾经有人问汪曾祺，小说创作的结构原则是什么，他说了两个字——随便。有一个谈创作必谈结构的作家对此很不满意，后来汪曾祺加了一个修饰语——苦心经营的随便。不仅小说如此，散文亦是如此。

这篇文章，从行文到语言，看似随意，但其实都别具匠心。

（2）（业余）画家身份。

依据：文中许多处有画面感的文字。

二月，一系列的颜色。

五月，除了色彩，还有颜色带来的质感，如"梨花的瓣子是月亮做的"。

八月，葡萄着色。

除了这些，作者在文字的表达上还很多讲解画画的技巧，如一月，就很好地运用了留白艺术，"雪静静地下着。果园一片白。听不到一点声音"。如疏密结合，密到满果园都是花，大片绚丽的色块，"梨树开花了，苹果树开花了，葡萄也开花了"，疏到"绿豆大的葡萄粒"，极细微的点睛之笔。

……

这些文字的赏析，无需按顺序，可由学生自由寻找体味交流。

同时，顺带让学生体会汪曾祺的语言风格。如喜欢用短句，喜欢用句号，带给人节奏感，带给人想象力，读来简洁、干净、有味。从而明确汪曾祺的文字为什么带给人想象之美，那是因为无字处皆有字，正如他自己谈创作时所说的："能不说的话就不说，所以，短了，其实是长了，少了，其实是多了。"

为了增加直观性，可准备当代几位风格迥异的画家画作，让学生琢磨汪曾祺的文字和谁的风格最为契合。如吴冠中、黄永玉、范曾等几位画家的画。学生能感受得到，汪曾祺的文字正如吴冠中中晚期的水墨画：简约、清新、灵动，有诗的意境，带给人想象之美，注重点线色构图。通过文字和画作的比较，告诉学生，"作文便是以文字作画"（朱自清语）。

（3）老顽童身份：童心，童话。

依据：让学生体会作者看待事物的眼光和心情是怎样的。明确作者是带着情意来平等地看待生活中的事物的，是带着爱意去描写那些葡萄树的。

如那些亲昵的、责怪的、爱怜的口吻："葡萄抽条，丝毫不知节制，它简直是瞎长！……这样长法还行呀，还结不结果呀？"

对话体："去吧，葡萄，让人们吃去吧！""葡萄，你愿意怎么长，就怎么长着吧！"

孩童一般天真的好奇心态："葡萄的卷须有一点淡淡的甜味。这东西如果腌成咸菜，大概不难吃。"

满怀情意的生动比喻："九月的果园像一个生过小孩的少妇，宁静、幸福而慵懒。""葡萄又成了一个大秃子"……

这样的句子，可让学生寻找并诵读，在真切的诵读品味中，学生会不知不觉地爱上这些文字，不自觉地笑出声来，因为这些文字实在太可爱了，读这样的文字，好似在阅读美丽的童话和天真的童心。

三、语言即人

赏析之后，学生的心贴近了作者的文字。课堂的最后，展示汪曾祺女儿的一段话：

不管别人怎么评价，我们知道，父亲自己对于《葡萄月令》的偏爱是不言而喻的。当年因为当了"右派"，他被下放到张家口地区的那个农科所劳动改造。在别人看来繁重单调的活计竟被他干得有滋有味、有形有款。一切草木在他眼里都充满了生命的颜色，让他在浪漫的感受中独享精神的满足。以至于在后来的文章中，他常常会用诗样的语句和画样的笔触来描绘这段平实、朴素、洁净的人生景色。果园是父亲干农活时最喜爱的地方，葡萄是长在他心里最柔软处的果子，甚至那件为葡萄喷"波尔多液"而染成了淡蓝色的衬衫在文章中都有了艺术意味，而父亲的纯真温情和对生命的感动也像"波尔多液"一样盈盈地附着在《葡萄》上。

——汪明

这段文字的展示，是为了让学生感觉到自己对作者文章的解读是正确的，让他们产生一种欣喜和激动。在对课文内容简单的小结后，让学生明确，语言即人。

展示汪曾祺的一句话：

我很重视语言，也许过分重视了。我以为语言具有内容性。

好的语言，都是经过作者精心雕琢的。几乎没有谁，随随便便就能写出好的语言。所以，在作文时，我们也要学会精心琢磨自己的语言，并养成爱琢磨的好习惯。即使大家如汪曾祺，他的语言看似随意，其实也是苦心经营才得到的，而且精心到近乎天然。正是因为这样，所以，他的语言虽然初读起来很淡，却极耐咀嚼，而且越咀嚼越有味。

而更重要的是，语言的好还不只在于精心雕琢，我们更需要雕琢的，是自己的内心。因为语言具有内容性。丰富我们自身的精神世界，当我们逐渐成为一个有情、有趣、有好奇心、热爱生活的人，我们的文字，才可能越来越有意味。

写在后面

第一次读到汪曾祺的《葡萄月令》，就有说不出的喜欢——像是一下子爱上了一棵葡萄树，想亲手在某个院子里栽下一棵葡萄树，然后像作者一样细心地侍弄它，看它如何从一月长到十二月。

南瓜的美学　郭静娟摄

平淡简朴的语言之中，有着无法言说的意境之美、画面之美，以及情感之美。更耐人咀嚼的，是作者究竟怎么会想到用月令的方式来介绍一棵葡萄树的栽种的呢。

但学生的初阅读反应平平。他们说文字太淡，读来没什么感觉。这并不奇怪，如此素淡的文字，需要阅读的静心，也需要一定的文字审美能力。文字的高妙之处，有时候也需要恰当的点醒。但文字的美感往往难以言传，一不小心，课堂上琐碎的讨论和分析，就会让文字之美变成乏味无趣的概念传递。

我不愿这样。所以，我梳理自己阅读这篇文章感受到的文字之美，美在有趣，美在简约，美在行文之巧，美在作者的情意。这样的文章，该有一个与之匹配的打破常规的教法。鉴于这样的思考，我设计了如上课堂。

"童子情怀"如何解读"老人心境"

——欧阳修《秋声赋》教学设计

一、欢乐的前奏曲：吴冠中的《秋声赋》

当代画坛泰斗吴冠中于 2007 年画有作品《秋声赋》，让人印象深刻。疏朗的枝条，串起艳丽的色彩，以抢眼的玫红、浅黄为主色调，深灰、翠绿夹杂其间，夸张、抽象的线条和色块，让我们不仅看到了秋天色彩斑斓的明艳，还似乎听到了飘落的秋叶正弹奏着一曲秋的赞歌。

课堂，便以这幅画为导入。

欣赏，让学生为画作拟名，说说这幅画作给内心带来的瞬间感觉。

"姹紫嫣红""秋梦""艳""暖""乱"……学生的答案千奇百怪。当我亮出吴冠中的题目为"秋声赋"时，和预想中效果一样，学生极为惊讶。

一起重新细看画作，寻找画中的秋意和秋声。

叽叽喳喳中，学生明白了，如果说春天是花的海洋，秋天就是叶的世界，秋天，层林尽染，是叶的色彩最丰富的季

秋光竹影共徘徊　郭静娟摄

节，吴老是用色彩来表现秋意的。而秋声呢，声在树间，声在叶间。飘落着的、舞蹈着的秋叶，正合力弹唱着一曲秋的合奏曲。学生拟出了新的画名："秋叶的舞蹈""秋的合奏曲""秋韵"……可是，这些题目与"秋声赋"比起来，却还是少了含蓄，少了蕴藉，而且，"秋声赋"不仅有秋意有秋声，还把一个"赋"字体现得恰如其分。画作夸张的手法，艳丽的色彩，正好体现了"赋"的文体特点——铺陈夸张，辞藻华丽。

这画中的秋天，吻合了学生心中秋天的模样。秋天在学生的眼里什么样？秋天是一位大手笔的画家，随手一挥，便是"霜叶红于二月花""数树深红出浅黄"；秋天，是一位才情横溢的诗人，翩翩舞着的落叶，犹如树木写给大地的情书，而那些白色墙壁上漂亮的爬山虎，分明就是"一叶一字，一串一行"；秋天，还是一位高明的香水大师，轻轻一洒，处处桂花香、稻花香、各色果子香……

画家运用色彩和线条，不仅画出了秋之美、秋之韵，还让我们听到了秋之声。视觉和听觉的打通，正是文学上的修辞手法——通感，只是，画中的秋色和秋声，和欧阳修笔下的迥然不同。

兴趣盎然中，学生很愿意到欧阳修笔下的秋天里走一走，听听老人心中的秋声，赏赏老人眼中的秋色。

秋意浓　郭静娟摄

一墙美人　高东生摄

二、深沉的咏叹调：听秋·惊秋·悲秋·叹秋

反复朗读欧阳修笔下的秋声，细细品味。

"淅沥以萧飒"，写出其细微；"砰湃""如波涛夜惊"，写出其猛烈、响亮；"忽""骤"写出其来得突然；"金铁皆鸣"，写出其铿锵有力；"如赴敌之兵，衔枚疾走"，写出声之沉闷、整齐、有气势……欧阳修笔下的秋声，不是清新的小夜曲，不是柔情的钢琴曲，而是变幻多端、惊心动魄的交响乐。

这样的秋夜交响乐，让人心惊，甚至和作者一样"悚然而听之"，却并不让我们悲，为什么作者却用"噫嘻悲哉！此秋声也"来形容呢？讨论交流。

因为欧阳修心中的秋是这样的：其色惨淡，其容清明，其气栗冽，其意萧条。因为作者联想到，秋风一起，秋气一来，大自然的风貌将会发生变化，"草拂之而色变""木遭之而叶脱"，谁也无法阻挡。因为秋是一位刑官，一位杀手。

教室的窗外，也是深秋了。可南方的秋天是怎样的呢？"丰草绿缛而争茂，佳木葱茏而可悦"，如夏日一般。南方的秋意不浓，着实过于温婉，学生对秋虽然有概念的了解，可真实的情感体验却是不强烈的。学习到这里，补充一下北方秋天的模样很有必要。我和学生分享了自己了解的北方的秋："秋霜一起，气温会骤降，许多树叶好像在一夜之间枯黄了。""还有一些大片的树叶，来不及变黄便被冻死了，又一阵秋风起，哗地便都落下了。"在这样的描述中，学生在想象里多少体验了一点文中秋气的"肃杀"。

仅仅是秋的肃杀，还不足以令人"悲"，还得带着学生往深层去。继续诵读探讨。

作者是由草木的枯黄想到了自己的年老，"物既老而悲伤"，秋风吹黄了树叶，也吹白了青丝。适时补充写作背景——《秋声赋》，作者写于53岁，已经到达人生的秋天，虽身居高位，但回首往事，屡次遭贬的隐痛难消，同时，面对朝廷内外的污浊、黑暗，眼见国家日益衰弱，改革又无望，不免产生郁闷的心情。诗人"醉翁之意不在酒"，悲秋，其实是悲人生短暂，悲大化无情，悲世事难料。试着让学生理解，自古以来，多情的诗人，深情的文人，听到萧瑟的秋风，都会悲从心头起，甚至，见到美丽的春花，也会悲从中来，因为他们知道，这种美，不会长久，宇宙之王宙斯说过："只有短暂易逝的，才被我造得如此美轮美奂。"花开得最好的时候，也是它转向凋零的时候，而这一切，任何人都无力改变。譬如学生们自己，正要走向18岁，最好的年华，可是，一转身的工夫，也会"朝如青丝暮成雪"。而所谓"物过盛而当杀"，对于身居高位而仕途坎坷的欧阳修来说，是不是藏着一份自我提醒式的隐忧呢？

到这里，学生因人生的思考和自我人生的介入而变得沉重起来。进入文章的第三自然段，这个段落，基本逐词逐句有注释，但这是和学生最"隔"的一个段落——悲秋是古代许多文人共有的一种古典情怀，所谓"自古逢秋悲寂寥"，但欧阳修对秋的叹息，却更耐人寻味。

一叹"草木无情，有时飘零"。"有时"，并非指"有时候"，而是指到时。花开有时，花落有时，草木凋零有时，秋声，便是万物凋零的预告。

二叹"人为动物，唯物之灵"。无情之草木尚且难逃凋零命运，那么有"灵"之人呢？天若有情天亦老，月若无恨月长圆，有情之人，深情之人，更易悲愁，"百忧感其心，万事劳其形"，人在万事百忧的折磨下，岂不更易憔悴老去？

三叹"而况思其力之所不及，忧其智之所不能"。明知不可为而为之，人生有着所谓的太多的追求，太多的志向，太多的欲望，太多的知难而上……欧阳修呢，也一样，譬如，面对朝廷内外的污浊、黑暗，眼见国家日益衰弱，欧阳修当然希望能力挽狂澜，有所作为，心牵挂之，却无从着力。

四叹"奈何以非金石之质，欲与草木而争荣"。草木凋零有时，为何作者还说何必与草木争荣呢？细细思量，草木其实只是一时一季繁荣，作者这么说，是心生疲累，所以自我提醒，自我宽慰，提醒自己不必争那一时之荣，有懒得再抗争之意愿，希望能够学会放下。

而最后一层叹，是在言外的——叹"即便我们想明白了这一切，又能怎样呢"。我们依旧放不下，依旧为那些所羁绊，这才是无穷之叹息。

"念谁为之戕贼"，是谁偷走了青春年华，是谁戕害了我们自己呢？不言自明，一是岁月神偷，它无可商量地偷走人的一切；二是自己，我们自己偷走了自己的青春年华，牵肠挂肚的情，忧劳和忧思，放不下的欲望追求……何必怨恨秋声发出那令人心惊的悲声呢？秋，由心生。

这样复杂的老人心境，一个不谙世事的童子又怎能明白呢？在童子的眼里，秋夜如此美丽静谧，"星月皎洁，明河在天，四无人声，声在树间"。所以，老人无限感叹之时，童子早已酣然入睡，"童子莫对，垂头而睡"。

在这样的深度解读中，原本如童子一般的学生，也若有所思。其实，真正读懂一篇文章，不管是随之哭，随之笑，还是随之忧，随之思，那额外附加的一份情绪，一定是喜欢。好像是在一个瞬间，跳过了千山万水，跳过了复杂的世事，经由他人的人生体验，获得了一次心灵和精神上的飞速成长。

三、绕梁的余音——耐人寻味的人生思考

童子和欧阳修是因为年龄不同，阅历不同，情怀才截然不同，那么同为老人的欧阳修和吴冠中，他们笔下的秋声赋，为什么又有着截然不同的音韵呢？

思考依旧在继续。

回到画作《秋声赋》。这幅画作于2007年。吴冠中2010年去世，享年91岁。作这幅画时，吴冠中老人88岁，已是垂暮之年，他让我们看到的秋色却暖意融融，听到的秋声里饱含着生命的力量。

同为老人，他们的内心有着怎样的不同呢？

欧阳修一生在宦海中沉浮，不改忧国忧民志向；吴冠中一生也历尽波折，留学，回国，经历"文革"，出名，却始终沉醉在艺术的世界里，他的世界简单明朗——画画，追求美，表现美，他的精神可用他的一本书名来概括——"要艺术不要命"。所以，欧阳修悲秋，吴冠中赞秋，欧阳修眼里的枯枝败叶，成了吴冠中眼中最美的线条。

再追问，88岁的吴冠中老先生真的不明白人生的起伏无常，真的感觉不到人生短暂、大化无情吗？答案是否定的，睿智如他，必定心若明镜，只是因为深爱这世界，深为自然的美所吸引，所以他用艳丽的色彩来表达对生命的眷恋，对生活对人生的无比热爱。

欧阳修的《秋声赋》，让我们懂得，越是深爱，越是明白，人生越是悲，正如钱钟书所说，"万事放远，一切皆悲"，这是《秋声赋》成为"悲秋"之千古名作的根本原因吧，他说透了我们太多人的人生，让我们忍不住悲从中来。吴冠中的《秋声赋》，却告诉我们，自然如此之美，人生如此令人眷恋，我们更要深爱着过，珍惜着过。

秋天，实在是比其他季节都更隽永，更含蓄，更深刻，更经得起欣赏。《秋声赋》，越读越觉出其中百种滋味。

写在后面

这是我参加江苏省空中课堂录制的课例，第一次尝试文言文公开课教学，还是这么一篇老境文言文，颇有些担心。

毕竟，要听懂一位老人心中的秋声之悲、秋声之叹，无忧无愁的童子，得穿越多少时光，跳过多少世事。高中实验教材必修四收录的悲秋经典之作——欧阳修的《秋声赋》，它面对的，是刚踏上青春门槛的高一懵懂学生。备课时，随着对文本一点点深入理解，真切感觉到，学生离文本实在太远，远到"隔"着千山万水。这种"隔"，不是文字理解之隔，而是情感之隔，思想之隔。学生是在用童子的纯真情怀去解读一位老人的复杂心境。该如何帮助学生走近那一点悲情，听懂那一声叹息，是课堂设计的关键。否则，有可能教师讲得尽兴，学生却如童子一般"莫对，垂头而睡"。

所以，执教《秋声赋》这篇课文时，我运用了多重比较法，试着把学生

写给大地的情书　高东生摄

的情感催熟一点点，来拉近他们和文本的情感距离。效果还不错。学生并不是真不爱那些经典文本，只是受自身阅读能力、情感体验及心境的束缚罢了。教师应该做的，就是寻找到合适的方法帮助他们走进去，唯有在情感上走近了，思想上折服了，心有所动，他们才会真心去诵读，去记忆，去琢磨文本在语言、行文上的美。

一起画几幅小品画

——《登泰山记》教学设计

~~~~~~~~~

一、答疑导入，引出课题

很多同学问，《登泰山记》这篇文言文，也就是一篇普通的古代游记散文，为什么非要求背诵呢？太难了，且也感知不到它的好。今天这堂课，就一起来感知一下这篇游记的特别之处，体会它的"别有怀抱"。同时，也试试能否通过品味它的表达之巧妙，来增加对它的欢喜度，从而能较快背出。

二、绘画小品，品读"妙境"

绘画中有一个概念，是为"小品"，即小品画。顾名思义，它篇幅小，笔墨简约，但耐品，耐咀嚼，是为"笔简意丰"。而写作，也可以说是用文字作画。清代作家姚鼐的这篇游记散文《登泰山记》，就是用简约的文字绘制了一幅登山路线图，以及描绘了登山过程中所遇见的几幅颇有意趣的小品。

下面就来欣赏这几幅小品画。

（一）山石松树图：坚韧与澄明

线条最清朗的小品画，是文章的倒数第二自然段。就从它开始。

在文字里旅行，较之现实中的旅行，便利就是想先去哪儿便去哪儿。我们就从泰山之顶，这个作者欣赏日出之地的背景小品开始。一起先来欣赏冰雪世界中的山石松树图。品读原文：

山多石，少土；石苍黑色，多平方，少圆。少杂树，多松，生石罅，皆平顶。冰雪，无瀑水，无鸟兽音迹。至日观数里内无树，而雪与人膝齐。

研讨交流：这是作者登至山顶用于观察日出的背景之地，是日出之外的一个镜头特写，泰山之巅的雪中石松图。作者只用了寥寥数笔。请一位擅长绘画的同学上黑板画一幅简笔画，其他同学提供素材，加以补充。

学生黑板简画：先画石，苍黑色，平正方直，多，叠起；又于石的罅隙之间，画松，皆平顶细松针叶；再随意渲染了一下冰天雪地，远处画隐约一轮红日。

研讨交流：画得很轻松，想一想为什么。这段语言表达有什么特色？为什么姚鼐会选用这些特别的意象？它们有什么特点？

研讨明确：这段文字用了白描的手法，表述精准，对比表述，共"三多三少三无加一皆"，所以很容易绘画，也很容易背诵。选择的平方苍黑之石，苍劲有力；少杂树，是因为它们在这样的条件之下难以生长，松树则是"岁寒然后知后凋也"，具有无所畏惧之精神；松树样貌"皆平顶"，是缘于松树长在山顶，无需往高处伸展来获取阳光，故尽量横向发展，这也是为了适应生长环境。

研讨交流：这一幅冰天雪地之中无比寂静的山石松树图，给人的感觉是什么？如果和柳宗元的"江雪图"相比，意境有何不同？

研讨明确：柳宗元的《江雪》，是在他被贬为永州司马时所写，当时作者一片寂寞之心，虽也暂得乐于山水之间，但终究意绪难平，诗文之中常有流露。"千山鸟飞绝，万径人踪灭。孤舟蓑笠翁，独钓寒江雪。"这首诗表达的，是清冷孤寂。冰天雪地，一片苍茫之中，更显人物的渺小忧伤。而姚鼐所写，虽也是寂静无声的冰天雪地，但石和松都有一种力量感，远处一轮红日又给人新生和希望之感，所以这幅小品画并不孤寂，反而显出天地的广阔、澄明，万物的坚韧和希望。

小结：外在风景的特征体现，其实也是心境的一种折射。所以，同一种景致，才会在不同人或不同心境之时，呈现出不一样的风貌。

（二）泰山晚照图：美丽与愉悦

研讨交流：读前文，看背景材料，结合文章思考，作者是在什么情境之下前往泰山的，又是在什么时间什么气候条件下登上泰山的？

讨论明确：登此山时，姚鼐刚过不惑之年。此前，他的人生仕途较为顺利，"中进士，任礼部主事、四库全书纂修官等"，荣耀至极。正当盛年，却突然以病为由，辞官归隐，个中细节缘由，后人难以知晓。一般的说法是，因为学术分歧，所以放弃仕途，开启另一种人生。回乡途中，和友人前往泰山，适逢大年夜，而且是冒着大风雪前往：

余以乾隆三十九年十二月，自京师乘风雪，历齐河、长清，穿泰山西北谷，越长城之限，至于泰安。是月丁未，与知府朱孝纯子颍由南麓登。四十五里，道皆砌石为磴，其级七千有余。

余始循以入，道少半，越中岭，复循西谷，遂至其巅。古时登山，循东谷入，道有天门。东谷者，古谓之天门溪水，余所不至也。今所经中岭及山巅崖限当道者，世皆谓之天门云。道中迷雾冰滑，磴几不可登。

研讨交流：作者是如何不动声色地描写他们的登山之路的？

研讨明确：用了一系列动词，"乘，历，穿，越，至于""越，复循，遂至"等，记住几个动词，再加上时间人物，山路长度和台阶数，基本就能背诵出来了。作者没有多加修饰语来描述过程之难，只用了寥寥几个字来让读者自己体悟，一说四十五里，七千余台阶，一说道中迷雾冰滑，台阶几不可登。其余未见作者评判之语。

研讨交流：如何品味这样白描式的语言？这条山路放到晚照图中当如何安排？

讨论明确：但凡登山，即使阳光灿烂之时，攀援而上山巅，尚且不易，更何况这样的冰天雪地之时，沿途艰辛，可揣而测之，但作者写来，几乎未加修饰，只用记录式的语言，淡淡几笔带过。这说明作者意不在写过程之艰辛，且不惧艰辛，作者重点要描绘的是到达山顶所见："苍山负雪，明烛天南；望晚日照城郭，汶水、徂徕如画，而半山居雾若带然。"照在城郭的夕阳，如画一般的汶水、徂徕，如飘带一般的山腰迷雾，才是这幅小品画的重点所在。一幅美丽的山顶夕照图，宛然可见，上山台阶不过配角而已。（依旧请那位同学简笔勾勒夕阳、汶水、徂徕、山峦、长长隐隐之台阶。）

研讨交流：由此可以看出，作者辞官归隐，对于未来的人生之路，是畏惧迷茫还是充满希望？

研讨明确：依据常理，一个人过中年之人，且以病辞官，体质应该一般，又在风雪之日登泰山，更是颇为艰难。但在这幅小品画中，你仿佛能听到画外之音——如画美景，让人叹为观止！过程虽然艰难，但不值一提，只为欣赏到山顶美景这一刻，便让人极为满足愉悦。"明烛天南"，那明亮的光线，照亮的不只是天空，应该还有作者的内心。从这里能够想象得到，作者的学术追求是一定会成功的，因为他是一个无畏无惧之人。这条登山之路，也可看作是作者的人生之路、学术之路，虽然可能并不容易，但是作者内心是坚定和充满希望的。

小结：所谓写景，应该不仅仅是写真，更是写意。写真，是有所对应地对焦放大；写意，是借助所写之景表达出心中之意味深长。

（三）泰山日出图：新生与希望

如果你没有特意去山顶看过日出，那么就认真看一次身边的日出。太阳每天也从我们身边升起。读懂有些文字，需要一些生活体验。大家都熟悉福楼拜每天按时看日出的小故事，为什么大文豪把看日出当成一个隆重的仪式来对待呢？

一起来品读姚鼐的"泰山日出图"：

戊申晦，五鼓，与子颖坐日观亭，待日出。大风扬积雪击面。亭东自足下皆云漫。稍见云中白若摴蒱数十立者，山也。极天云一线异色，须臾成五采。日上，正赤如丹，下有红光，动摇承之。或曰，此东海也。回视日观以西峰，或得日或否，绛皓驳色，而皆若偻。

研讨交流："晦"，是农历每月的最后一天，"戊申晦"，是农历年最后一月的最后一天，作者于"大风扬积雪击面"等待日出，是不是别有含义呢？

研讨明确：日出，标志着新的一天；除夕日，标志着即将迎来新的一年；辞官归故里，即将告别过去的生活方式，开始新的人生。所以，姚鼐登泰山的用意，是为告别过去的一切荣辱，不惧未来，且对于未来有一种新的期待，所以其意主要在于看日出，目的是迎来新的一天，新的一年，开启新的人生。

研讨交流：鉴赏日出瞬间，谁能说说日出之美？请那位同学继续画简笔图。

研讨明确：日落和日出，其实都是转瞬之间。这段关于日出的描写，很是精当，"一线异色，须臾成五采"，是由黑暗到渐变色；"日上，正赤如丹，下有红光，动摇承之。或曰，此东海也"，人们喜欢拍日出，正是源于日出的那一瞬间，色浓而柔，又有无数云霞烘托，云霞之处，仿若东海之地，写出了云海之气势和美。唯有认真观摩过那个瞬间，才能为之会心一笑。

讨论交流：其中"回视日观以西峰，或得日或否，绛皓驳色"，该当如何绘画？可以和白居易的《暮江吟》一起欣赏："一道残阳铺水中，半江瑟瑟半江红。可怜九月初三夜，露似真珠月似弓。"理解了"半江瑟瑟半江红"，也就理解"或得日或否"了。

研讨明确：日出之时，太阳照到之所，雪山呈现红色，照不到的山脊，还是白色，故而有"或得日或否，绛皓驳色"，这和白居易的"半江瑟瑟半江红"有异曲同工之妙。与水平面持平的夕阳，平铺在水面，照到之处，江面呈现红色，照不到之处，呈现青色，"瑟瑟"并非萧瑟之意，而是夕阳晚照之时的静谧祥和。

讨论交流："皆若偻"，又当何解呢？

研讨明确：红日跃然而出之时，天地万物"皆若偻"，都像是弓着腰致敬一样。多么贴切！每一个日出瞬间，都是黑夜和白天、天与地之间的一个隆重仪式，只是我们难得在意。福楼拜每天按时看日出，可见他是深知日出之隆重的。所以，这幅小品画的主角是红日，同时还得绘出如东海的五彩云霞，以及对着太阳致敬的群山。（同学依旧根据文字于黑板上绘出简笔画。）

小结：可见，读懂一些文字很需要生活体验，希望同学们平时多观察生活，多欣赏大自然给我们绘制的每一幅精妙小品画。唯有经常看见生活场景中的细处，才能更好地领略文字表达之妙。

三、总结全文：好文字，总是"别有怀抱"

通过绘制三幅小品画，我们发现，姚鼐的《登泰山记》，并非普通的游记，而是表明自己心迹的一篇妙文，作为五岳之首的泰山，有着种种好景，但作者并没有关注，只把重点落在日落之场景美，日出新生之时的力量之美，以及日出之地的松石之坚韧之美上，这种"别有怀抱"，是需要细细品读才能明白的。当我们能够读懂其中意味，也便会明白什么是"不着一字，尽得风流"的境界。后来，姚鼐回归故里之后，先后主讲于扬州梅花、江南紫阳、南京钟山等地书院四十余年，成为桐城派散文大家，学术有成，一直到80多岁方才离世。这么想来，大年之夜，风雪之中，登上泰山，喜观日出，确实是别有深意了。

好的文字，犹如画中小品，笔墨简淡，意蕴丰厚，需要细细咀嚼品味。"淡中真味，常中神奇。"不惟饭菜，文章亦然。

当你能绘出或看懂这几幅画，背诵问题就差不多迎刃而解了。文章里其余一些文字也极简约，极流畅，可自去体味。

四、课后延伸：品读文字之画，小试牛刀

品读柳宗元的《钴鉧潭西小丘记》，绘制一幅小品画，体会其真正意味。

写在后面

《登泰山记》是部编版教材高一上册第七单元的一篇游记散文。文章言简意丰，颇耐品读。这是一篇要求背诵的文言文，很希望能让学生真正喜欢上这篇文章，并轻松地把它背诵下来，从中感受到古代游记散文"别有怀抱"的写作技巧，领略文字的朴素内涵之美。思考了很久，才寻找到这种绘小品画的教学方式，效果颇让人满意。感觉学生不仅背诵容易了，还获得了不小的精神和审美上的双重成长。

旧时月色明
——我们的演讲课

~~~~~~~~

　　周末给学生布置了一份特别的作业，回去和父母或者爷爷奶奶等聊会儿天，听他们讲讲往事，然后完成一篇以"家族记忆"为主题的演讲稿，不限长短，以用于新一周的演讲课堂交流。

　　很担心他们会抗拒，毕竟，现在的孩子闲暇时间少，难得的休息日却被要求用来做这样很老式的事情，有点为难他们了。没想到，处于青葱岁月的学生们竟大都完成得不错。有不少同学特意打了电话，给不在近旁的爷爷奶奶或外公外婆，和他们通了生平中有史以来最长的电话。

　　孩子们演讲得最多的，是爷爷奶奶、外公外婆的人生传奇。普通的或者不普通的，在岁月的慢慢沉淀里，好像都变得别有意味起来。以前被他们认为与之无话可说或者只会忙东忙西的老人，在故事里都复原成了生动而立体的人，拥有了自己的好时光。原来，除了爷爷奶奶外公外婆这些固化的身份，他们也有好听的名字，也曾被人心心念念地牵挂过，也有过热气腾腾的青春。一位学生说，认认真真聊过一次天，才发现，以前用来倾听他们的时间太少了，一不小心，差点就成了他们生命中最亲最爱的陌生人。一位男生站到讲台上，深呼一口气，说，爷爷很帅，那种帅，看看讲台上的他，然后乘以二就知道了。大家都笑了。还有一位女生讲述外公的故事，特别用情。她的外公已经去世了，可是他住的老房子在老家还一直被保存着，她以前就很好奇，总想去看看那些老去的光阴，可一直没被允许。这次缘于作业，终于特意去了一次，在那儿认真地待了一个上午，舅舅也在一边陪着，还不时在一些老物件面前添加旁白。她的外公原是一位老知识分子，留下的好些东西都带着古朴的书卷气。比如，连续多年订阅的《青年文摘》杂志，被一捆捆包扎着，这份流行杂志竟然已这么有年头了。她的外公喜欢写日记，有一本亲手装订而成的日记本，朴素雅致，扉页上写着"他人请勿擅自翻阅"，打开的那一瞬，女生差点落下泪来。那曾经一样隐秘而年轻的心灵啊！那曾经一样的梦想和情怀啊！因为外公已经不在了，所以她便在窗下的阳光里翻读了好一会儿，那些文字，好像成了一条通往过去的路，在那条路上，她邂逅了年轻的外公，听他絮叨。那些文字，延伸了外公的生命和精神。时光流转。她似乎第一次懂得了一句话：一切都会过去，一切都不会过去。

讲述父母往事的也不少。有意思的是，关于父母的往昔学生选择的多是爱情故事。各式各样的相亲故事，各种波折的恋爱故事。在故事里，父母好像不再那么高高在上富有权威了。有的说，自己太难了，父母怎么看都还不大成熟的样子，天天在自家孩子面前秀恩爱，太辣眼睛，都懒得看。有的说，父母从来不秀恩爱，可是平淡无奇的每一天，却让人感觉踏实幸福，父母的生活就是自己向往的。还有的说，自己父亲的外貌怎么看都配不上母亲，可是母亲谈起父亲时那种神态就是不一样，那种情感，她还不曾懂得……

有些小细节特别温馨。比如，一位同学听过父母讲述，偷偷去翻找了爸爸妈妈的来往信件，没想到还真发现了秘密，原来，以前每次都是爸爸写几封信，妈妈才回一封信，而爸爸的信件中竟然还附带着邮票，是古老浪漫的爱情模样。再比如，一位同学听妈妈讲述爸爸的傻事，也满含爱意——小时候爸爸家里穷，经常去地里偷吃地瓜，可爷爷说地瓜他都数过了，偷吃会受罚，傻傻的爸爸竟然相信了，于是，便去偷了别人家地里的地瓜。在大家的笑声中，一位女同学的快乐也让大家心头一动，她说，聊过天后，和妈妈一起去逛街，过马路的时候，身高已超过妈妈的她，不由得搂住妈妈的腰，那一刻她很快乐，因为她看到妈妈的头上没有白发。

我坐在教室后面，眼睛有点湿润。都说陪伴是最长情的告白，可很多时候，我们好像总要在经过许多岁月之后，才会懂得日常陪伴的重要，才懂得，耐心倾听的本身就是一种深爱。想起自己的奶奶，已 90 多岁了，她大部分时间是在阳光里坐着，淡淡地笑，打个小盹。她幼时曾是我爷爷家的童养媳，8

岁就到了爷爷家，18 岁时和爷爷成了婚，在一起生活了 80 多年。前些年爷爷去世的时候，奶奶很平静，但奶奶说的一句话却很让人伤感：人总归是要去的。人生是多么无奈啊。爷爷走后，奶奶在我父母家以及几个叔叔家轮流居住，每次住到我父母家时，逢到一些阳光好的周末，我都会去陪她说说话，在阳光下给她剪剪指甲，梳梳头，听她说一些往事。她的思绪大致还清晰，一件件小事还会一一道来，听着听着我便忽然明白了，那些往日，都是她用来消磨那些阳光里和看不懂的电视机前的寂寞时光的。奶奶最喜欢的东西是镜子和梳子，去哪儿都要带着。无事时，便会独自梳头照镜子，有一次和我说，年纪大了，头发长得太慢，如果剪得太短就会难看很长时间了。还有一次，姑妈给她买了一双很暖和的拖鞋，可她嫌弃不好看，便从来不穿。原来，当我们的身体逐渐老去时，我们的内心还会执著于某些年轻时的审美，只是外人不大在意罢了，同样，心灵深处的许多东西，在外人看来，它们也许是随着时光的流逝而消失了，但其实它们从不会真正离开。但也因为如此，年轻和年老之间才有了那么大的隔膜。

想起有一次，看到丰子恺年轻时的画像，很是潇洒。一位同事很感慨地说，原来，旧时月色亦明亮，丰子恺年轻的时候也不是老头啊。原来，所有的人都是从孩童时代开始的。当时光把他们曾经的风华正茂复制给年轻的一代，却还是会在他们的心底留下一个小小的热烈的自己。这么朴素简单的道理，却常常被我们忽略了。

这一次特别的作业，正是意在打破孩子和家中长辈之间的一些隔膜吧。演讲之后，还给学生看了一篇小文章——《我想优雅地老去》，是想让青春正好的少年，早一些懂得时光的无奈和珍贵。有人曾说，悲观主义者更热爱生活，那是因为他们更懂得生活的真相，知道人类的渺小，因此更懂得珍惜。时光总是流逝，但年轻、年长和年老之间，也许可以有更多的交集，虽然彼此的精神世界并不一定相同，但一定可以通过某些瞬间，让相处变得更有温度，更温柔一些。而现实中的平淡时光，大概也会因为这些旧时月色，更显美好诗意吧。

关于爸妈的爱情

外公的日记

秋从诗里过

——我教《唐诗宋词选读》

秋从心上过，是愁，秋从诗里过，便是一串青春而快乐的笑声。

很喜欢《唐诗宋词选读》。试着让学生来选讲，任由他们打乱顺序，挑喜欢的一首来为大家讲解，我退成听众，和其他学生一起听讲，提问，最后补充答疑。没想到，半个学期下来，讲者和听者都兴致盎然，还生出许多故事来。

正是好秋光。不少同学选择了与秋有关的诗。有些一讲便明白，有些明白了字意，但似未曾真正走进去。是从这句初唐诗"关城树色催寒近"开始的。学生说，天凉了，树便有了寒色。字面上好像是懂了，但并未领略其中之妙。答疑时，我让他们看看窗外。窗外是一园子花树。远远近近的，能见到一株高大的樱花树，一株老紫荆，一株半大不小的玉兰，还有两株桂花树。除了这两株大桂和二桂他们认识，其他的，那些在春天时一起认识过的花树，此刻统一成了叶子时期的树，看着都差不多。平日里路过，也从未曾细瞧。我让他们仔细分辨，终于发现了一点细节，樱花树叶最普通，紫荆叶虽然已经黯淡下来，还是最好看，是在春天里足以用来表白的心形叶。而那株玉兰，被想起来花儿开在春天是紫色的，它的叶子最为阔大，如一面面小芭蕉扇，有几片在阳光下已黄得很鲜明。正看着，风也来凑趣，一阵风移影动，有一片黄竟摇摇晃晃地飘落开去。

一阵惊呼。再问他们可懂了"催寒色"，便都恍然：寒色，即树木的秋冬之色也，天冷下去，树叶便会一片接一片地黄枯起来，是为"催"。哦，真的，不知不觉，秋已经来了啊。而天气，还是这般暖和呢。到这里，便索性又添加了朱熹的《劝学》诗："少年易老学难成，一寸光阴不可轻。未觉池塘春草梦，阶前梧叶已秋声。"时光总似鸟，翩翩忽已过。他们读得认认真真，声音清清朗朗，欢欢喜喜。

重阳节，同学讲的是杜牧的《九日齐山登高》。开场便是"江涵秋影雁初飞，与客携壶上翠微"。注释也很详细，"涵"，包涵，江水包涵了秋天的影子。秋天的影子是什么呢？何以被江面包涵呢？一只大雁飞来又美在哪里呢？有同学这么一问，讲解的同学便立即支吾起来。其他的学生也沉思不语。我笑一笑，让他们假想，秋天里若是正带上相机四处走走，突然看见一片浩瀚的水面，一边还临靠着山，会见着什么呢？于是，他们瞬间懂了，所谓包涵，是指秋之色泽倒映在清澈的水面上，一湖静谧而美丽的秋色。然而，水面寂寂，虽然好看，毕竟少了一点灵动之色，这时，最希望什么呢？自然是有一只大雁或白鹭或其他什么鸟儿飞过，那么，静中之景，便有了动态之韵，浩瀚之中，便有了聚焦之点。问他们可曾留意过这常见之景，几乎都是摇头。于是让他们再看一首赵嘏的《寒塘》："晓发梳临水，寒塘坐见秋。乡心正无限，一雁度南楼。"这时，学生想一想，便很自然地明白"见秋"了。那是临水梳发之时，看见一片秋色之倒影。但又何以起乡心呢？一位学生侃侃而谈，因为秋色不只有绚烂之色，也有萧条之色，所见，皆内心也，而这秋色里，可能也包含着作者两鬓苍苍的憔悴容颜，所以，才会生出思乡之情，看见大雁归家，才会格外伤感。有学生配合地发出了一声叹息，惹来一片笑声和一阵掌声。

想想，欢乐地读诗又何尝不是一种美好呢？诗性的表达，本身就是用来消解现实的愁绪的。想一想，便又对他们说："你们的笑声，让我突然想到关于白发的一句极浪漫的表达：'长白发，是因为用情太深。'"瞬间，他们乐不可支，指着班里一位男生说，他有几根白发了，他可不就是个多情的人呀。哎，他们总是那么容易找到别样的焦点，只因为年轻啊。那个开心果一样的男生，笑着低下了头。

回到办公室，跟着我一起去听课的年轻老师小惠倒颇是忧伤，她很郁闷地对我说，听课时，旁边一位男生对她说："老师你的长发里也有两根白发呦！"啼笑皆非之余，她一下子万般惆怅，担心着她的青春容颜。诗，总是那么容易走进真正的时光里啊。

好像每讲一首诗，都会延伸出一些有趣味的生活小故事来。待学生讲到王维的"空山新雨后，天气晚来秋"时，恰逢是一场秋雨之后，校园里的空气澄澈地仿若伸手可捉，品读之后，大家只觉得，秋天一切是多么好啊，哪怕并不是在无尘的青山里。而讲到杜牧的"青山隐隐水迢迢，秋尽江南草未凋"，一个个又跃跃欲试地，想要在周末去公园里看一看，那在郁达夫笔下味道总是不很浓的江南之秋，仿佛秋总是要刻意去寻找才可见似的。

空山新雨后　郭静娟摄

从唐诗浅浅深深的色彩里，淡淡浓浓的忧伤欢喜里走过，对于青春的学生来说，秋似乎也还只是秋，月也还只是月，可这不正是青春的单纯之好吗？然而，有时却也分明觉得，一切可能并不尽然，因为在他们的随笔里，我读到了这样的文字："从今天起，关心蔚蓝天色里的一朵流云，身畔缓缓飘落的一片秋叶；从今天起，关心生活里的一些琐碎小事，关心身边事物的微小变化，因为细节才是我们平凡而美丽的生活……"我也读到了这样的文字："以前读鲁迅，我不懂，可是，这个周末，我一人在家，看着门槛上晒的两双球鞋，一双是我的，另一双也是我的，恍惚间，我似乎一下子懂了，先生秋夜里那两株一模一样的枣树。"

秋从诗里过。秋，也从心上过。清脆的笑声里，谁说就没有成长呢？

写作小辑

像是我们的童话时光

生命的姿态　郭静娟摄

生命的姿态

厌倦了伫立在河畔柳下

独钓一江春水

飞落到窗前踱步

又翩然远去湖心临波照影

挥羽之间

写就一幅绝世书法

只是落款

不小心落进了水波深处一尾小鱼的眼眸

窗内的我

把它的一起一落一点一折

读成了美

和生命的姿态

想要一点"童话"时光

～～～～～

　　整理电脑文件时，发现一个学生的日思录集子，点开一看，文件夹里保存的是以前一个高三学生的日思录内容。每一页上都有时间、配文和漫画插图。在别人忙着刷题的时候，这位学生竟然一边写日常里的点滴心得，一边给日思录配漫画和文字。漫画的主角是一只兔子，它被称为日思录的常驻大使。兔子虽然只是寥寥几笔，却姿态多变，形神俱佳，简约的配文也是妙趣横生，意味深长：

　　一只在田埂上徘徊的兔子，"常惦念着地上，钻出来的不是胡萝卜，而是自卑"。一只抱着巨大胡萝卜的兔子侧影，"原来这就是无法割舍——即使抱不紧它，也要狠狠、努力地抱着它，直到它成为了你的一部分为止"。一只蒙着眼睛的兔子，"自小就和同伴玩摸瞎子躲猫猫的我们，却还在这个亦真亦幻的世界中打转"。一只低头沉思的兔子，"总觉得童年无忧无虑，其实我们不过是太小了，来不及料想，未来有多残酷，有很多事，早已埋下了伏笔"。一只美滋滋欣赏满地胡萝卜的兔子，"每个人都有各自不同的浪漫，对于我，萝卜地远比玫瑰园来得好，管谁说我呢"。一只埋首于书页中的兔子，"当你正为实现一个所谓的远大目标连做梦都在看书时，却不知道奔跑着的你其实已经错过了许多风景"……

　　小欢喜，淡忧伤，还有一点浅浅哲思。多么生动，多么好！

　　回想起以前，每次收读学生的日思录，真不像是在完成一项工作，因为每次总暗暗怀着某种期待，那美丽的日思录本子上除了用心表达的文字之外，常常会有一幅小画，一段幽默对白，一个生活小故事，一首孩子气的小诗，或者其他，在等着让你展颜一笑。翻读它们，你很容易想象到，忙碌着的他们，会在某些时间里轻松下来，安静下来，享受一段温柔时光，比如，与心爱的本子对视，和自己柔软的内心对话。那一刻，他们不只是在完成作业，更是在享受某种趣味和丰富。已经好多年过去了，那只兔子的心事，一页页读来，还是那么打动我的心。

和现在的学生分享日思录上那只兔子的故事，学生们感觉有点像在听一个童话。他们完全无法理解，画那只兔子的时间到底是从哪儿来的。在线条里流逝的一段段光阴，真的不会影响学习成绩和前程吗？想想也是，现在的学生，真是好像所有的时间都有用啊。平日里，读一篇长一点的东西便会心虚心慌，仿若正在虚度光阴，所以，大家热衷的是一些句子迷、素材库、精彩议论片段，是用足够短的时间拾取漂亮的文字和所谓深刻的思想来换取好看的分数，又怎么会舍得在摘抄本随笔本上费时费力地涂画一些仅仅只能用来愉悦目光和心灵的插图呢？就连我自己，也常常刻意提醒学生去积累一些有用的文字，好为自己的表达和思维随时添加一些修饰，来赢取阅读批改者的好感。于不知不觉中，我们似乎都已经忘记了，虽然一本书的动人处也许只有那么几处，但如果没有那些铺垫，我们的内心其实很难真正被打动，虽然一本书有用的思想也许只有那么几句，但它形成的过程却能让我们豁然开朗或心领神会，省略了那样铺铺展展的过程，舍去了那些思维的枝枝叶叶，所谓的思想也不过就是一些句子或概念而已，不会在我们的心头留下多少痕迹，也很难获得心灵突然被触碰的巨大快乐。

也许还不只是如此吧。生活中如果真的俭省了那些"童话"式的无用时光，心灵一定也会逐渐失去想象力和创造力，失去诗性和灵性。记得在一次课堂开始前的快乐分享时光里，我给学生阅读了两篇简短的童话，效果很耐人寻味。

第一篇童话名为《邀请》：盛夏，花园里。一群昆虫在梨树下飞来飞去，快乐地唱着歌。主人拔着杂草，也跟着哼，偶尔也停下来休息。一只蜜蜂飞过来说，今天是他们女王新婚大喜之日，想找一位主婚人，他们选中了主人。主人拍拍手上的土屑表示感谢，问蜜蜂他该穿什么去呢。读到这里时，我有意停顿下来，想等待一个奇妙的答案。同学们很认真地想了想，然后，男生说，校服吧，女生说，纱纱裙。一个很调皮的男生大胆地说，裸着。哄堂大笑中，我告诉他们作者的想象力："翅膀"，蜜蜂说。

第二篇童话是关于一只骆驼的故事。有一只骆驼问警察通往火车站的路是哪一条。火车站餐馆每个星期五都会供应新鲜干草，他想去那里吃晚餐。警察感到很奇怪，因为那天已经是星期六了。骆驼说那也没关系，那样便可以不吃干草了。警察于是告诉骆驼路。骆驼出发了，但最终却误入了另一家餐馆。然后呢？我告诉学生没然后了，童话到此结束。学生们不相信，说凡是童话都有一个像样的结尾。于是，在一片欢乐的笑声中，他们执著地为之添加了一个结尾：骆驼被杀了，成为了另一家餐馆里的一道菜。

其实，作者是留下结尾的："那也没关系，另一家餐馆每个星期六都会供应新鲜干草。"这样有意思的结语，让学生们好一会儿都没有说话，他们没有想到，童话也可以这样收尾。有一位同学叹息了一声说，有一些童趣他们可能从不曾懂得。也许，是在题海里游得太久了，也许，是习惯了电子游戏里的打打杀杀。年少的心里，竟然已经很难住下一则真正的童话了。

但没有童话的内心，又怎能发现自然里的那些无限妙处呢？又怎么能够把平凡平常的日子诗化或艺术化呢？美妙的日子，也许并不只是来自日子本身，而更多来自我们的心灵吧。汪曾祺先生曾写过这样的句子："带着雨珠的缅桂花使我的心软软的，不是怀人，不是思乡。"多么有意思的瞬间啊，不为什么缘由，只觉得一切都很美好。这便是童话一般的语言和内心吧。真希望我的学生们也能拥有感知美的心灵和善于发现细节美的眼睛，从而常常拥有这样沉思默想的幸福瞬间。

突然想去印各式各样的美丽童话给这些大孩子们看，想让他们知道这个世界年纪还小时的模样。

学生日思录本子上的几幅漫画和配文：

那些我们一起虚度的浪漫时光

前些天，一个人在步行街上闲走，身后突然响起惊喜的呼唤，然后是重重的、亲昵的拥抱。是两个刚毕业的高三学生，正准备去书店淘书，假日里遇见我，很激动。亲热的问候过后，她俩竟一致要求我再推荐一下暑期可读的好书。他们说，终于有大把的闲暇，可以任性地读几本书了，要好好享用这样的自由。不知为什么，一瞬间心中挺感动的，高考已经结束，不需要再为作文的分数而阅读了，但一粒与文字有关的美好种子，已经悄然落入心田。多么好，只为自己喜欢的阅读。

台湾作家林清玄曾说，所谓浪漫，就是浪费时间慢慢吃饭，慢慢喝茶，慢慢走，慢慢变老……而近来另一首诗也深受大家喜欢，当代摄影家、诗人李元胜的《我想和你虚度时光》："……我想和你互相浪费／一起虚度短的沉默，长的无意义／一起消磨精致而苍老的宇宙／比如靠在栏杆上，低头看水的镜子／直到所有被虚度的事物／在我们的身后，长出薄薄的翅膀"。心动之余，总觉得这些词句并不限于爱情，不限于他和她，还暗藏着一种让人欢喜的生活态度。

因为那次相遇，突然很想把那个"你"，换成那些已经毕业的"学生们"。回味那并非翩翩而过的艰辛岁月，心头豁然。细细梳理，刚走过的高三迎考时光中，多的是漫天试卷、无边题海和无数的技巧，但还有许多值得珍藏的"浪漫时光"。也许正是那些看似慢慢浪费掉的时光，让孩子们的身后，在某一天某一刻，长出了薄薄的却可以让心灵飞翔的翅膀。

高三岁月里，最"浪漫"的事大概要算那两周的"写诗时刻"了。期中考试之后，距离又一次统测有一个不短的缓冲期，看他们学得辛苦，便尝试整整一个礼拜不布置习题性作业，只要求在语文时间里自由阅读和摘抄，然后在周末递交一首自创现代小诗。为了培养诗感，我还选印了一些诗人的代表诗作和特色诗作，以帮助他们寻找感觉。选择的是台湾诗人管管、摄影家兼诗人李元胜、另类诗人雷平阳、当红诗人余秀华、经典大家席慕蓉等人的一些诗作。止是诗的年龄，学生们对诗有着一种大然的兴趣，加上无需做题，大家都跃跃欲试。为了便于比较，我给出一个主题："孤独的时刻"。诗的题目、格式、长短都不限，只希望他们能够在一周的自修时间里好好阅读、品味，在闲暇时光细细观察，捕捉独特的画面，从而能够在诗中真正体现出"孤独"和"时刻"这两个概念来。

一周之后，答案是怎样的呢？诗味也许不够，却真实动人，颇有生活的镜头感。试举几例：

独坐窗边 / 等待回忆的光临 / 想把过去的整个冬天 / 再走一遍（陈一露《窗边》）

蒲公英长成了绒球 / 大风吹过 / 吹走了小蒲公英 / 留下一根绿色的柱头 / 呆呆地不动 / 挺直了腰杆 / 看向远方（朱琳《独老》）

不说话不吵闹 / 看着天发呆 / 那朵云好像你（顾烟《想》）

手表静静地躺着 / 我呆呆地坐着 / 有时候我带着手表 / 有时候它带着我 / 我带着它经历岁月 / 它带着我回忆分秒（宋佳宇《手表》）

老人坐在阳光里 / 影子慢慢变短 / 又 / 渐渐拉长（钱佳盛《老人》）

一条路 / 我独自走着 / 低下头 / 数着路上的方格石砖 / 不知不觉 / 我也成了其中一块（陆晗秀《路》）

我是个喜欢浪漫的人 / 但我不喜欢一个人浪漫 / 如果你们走得太快 / 那我还会等后面的人 / 有一天 / 我还站在年轻的位置 / 又看到你们白发苍苍地赶回来 / 寻找那些已经消失的东西 / 而我 / 一直都没有离开（侯谐《无题》）

……

在大家彼此欣赏的微笑中，我们一点点体会现代诗歌中的某些技巧：意象、画面感、瞬间细节、叙事性和抒情性、语言的节奏和变形，等等。而这些，在作文写作中其实也很需要。我还给他们推荐了《诗刊》登过的"孤独的时刻"组诗中的两首：

鸟，携带暮色回家／我，提着沉重的脑袋／和空了的饭盒（《回家》）

我在窗口，我在思索／一只鸟儿飞过／它叫了一声，问我／傻瓜，你在想什么？（《傻瓜》）

接下来一周，有兴趣的同学继续写诗，也有人围绕这个主题写随笔，配合推荐的文章是蒋勋的《孤独十讲》，还有叔本华和周国平"关于孤独"的文字片段。有些同学诗写得平淡，随笔却灵动，由此又在比较阅读中体味了某位大家说过的话："诗中有文意，诗感就淡；但文中有诗意，文章就灵动。""文章千古事，得失寸心知"，这些微妙之处，唯有在不断尝试之后才能心有所悟。那样的时光，多么任性多么快乐又多么难得！那两周，着实少做了许多题，但大家的心灵一下子走出去好远好远。

其实，如果愿意，这样的"写诗时刻"还可以延续。比如，可以在这样的轻松节奏之后，延伸到古典诗歌的鉴赏和写作中去。自由和限制，是一个鲜明的对比，学生会感到好玩和有兴趣。格律诗中格式字句的限制，平仄和押韵的需求，以及诗歌中词性活用、倒装和省略的种种文言现象，会变成有点难度的游戏，而唯有试着写过，学生才能更好地理解这些技巧，也才能真正懂得阅读时该如何合理地添加和想象，把诗"泡"开，读出丰富和完整。写好一首绝句或律诗，绝非易事，但尝试过程中的趣味却足以让学生克服读诗时的畏难情绪，现代人和古诗之间的那一个"隔"，也许可以在游戏的意味中被悄然推开。

除了"写诗时刻"，高三一学年中还有两次"季节的寻觅"也让人难忘。

江南的秋和春是最好的。"凉风起天末，君子意如何？"秋风一起，情思便多。当校园里"秋叶如花如画，秋意尽在草木"时，就让学生在课余饭后，去寻觅和写下自己领略到的江南秋味。

同一片风景，映照的却是完全不同的心灵。莹同学说："秋无声而来，带给我无比美好的感觉。如果要用一种声音来形容秋，我选择寂静，因为只有这个词可以传达秋的神韵……"戴同学说："已是秋了，却乍寒还暖。教室前的花圃里本有一棵不知名的小树，枝枝干干瘦骨嶙峋的，不知何时竟被一棵葱茏的大树换去了。这固然不错，不过我又试想，在一片绿中，偶然在视线中出现了这么一棵枯黄得干瘪的树，就像寂寂的海上偶尔飘过一片白帆或者云的倒影，那么，你会心头一颤，才明白，秋确是来了，季节并没有为这一整园的常绿色植物所吞没。"而成绩排名一直很靠前的女孩蔡竟写下了这样一段文字："转眼又一个秋，明明有'火'在其中，却只让人感到阵阵凉意。紧张的心绪几乎平定，只剩寂寞和悲伤。一阵秋风迎面而来，青丝乱舞，刺进眼睛生生的疼，这理还乱的三千烦恼丝呀，也爱上秋的韵味了吗？校园的大道两侧是香樟吧，似乎没有对这秋作出任何反应，还保持着它原有的绿色，只是消失了夏季的光泽，蔫蔫的，该黄就黄吧，该落就落吧，干吗还穿着夏衣赖在枝头不肯归根，你以为只凭你的绿色可以赶走秋意，唤回夏日气息吗？要知道四季常绿是很辛苦的，正如每次考试都考高分那么辛苦！"这哪里是在寻秋，分明是在表述真实的自我！这样的表达正如勇同学所写："自然的美景，不仅照亮我们青春的容颜，更照亮我们青春的心灵。"在这样的寻觅和表达中，学生们学会了用眼和心去体察季节的细微变化，在花草树木那儿读到隐秘的内心。

南方的春也绝对不容错过。它不像北方的春来得那般忸怩温婉，那般"犹抱琵琶半遮面"，南方的春是最为热烈的。春风在美丽的江南到处留情，所过之处芬芳四起，一片灿烂。校园里海棠特别多，最喜欢让学生们去细数海棠花事，从花如相思红豆的样子，到小红灯笼般旖旎绽放，再到花落叶茂，一个完整的海棠花期，差不多就是高三第二个学期的复习迎考期。"未觉池塘春草梦，阶前梧叶已秋声"，时光似鸟，就这么翩翩而过。和海棠花一样，美丽的樱花、桃花、紫藤以及细柳……向他们诠释了与人生有关的诸多或深沉或无奈的哲理，青春的脸庞里由此有了其他的意味。

而最为常见的"浪漫时光"，则是忙里偷闲的自由阅读了。

9月份第一次摸底考试后，就给他们看了吴非老师的文章《幸福的高三》，一起记住了文末的一句话："没有什么能比在十八岁时奋斗一场更幸福的了！"

同时，还给他们看了南师附中一位高三学生所写的阅读史，"好书之于高三，如同星光之于暗夜，泉水之于荒原"。想让他们明白，奋斗的同时，阅读，是可以穿插于其间的最诗意最浪漫的姿态；阅读，也犹如林语堂所说，是在文字里寻找自己情投意合的精神恋人，不断地阅读，不断地爱上，文字里的点点浪漫星光，让艰苦卓绝的高三题海岁月变得这般可圈可点。有时会放下专项的作文训练，一起写写个性化的读书笔记，许多动人的开头还记得呢："读过《百年孤独》，我的心一下子就沧桑了。""游弋在周晓枫的文字里，我突然也想写下我人生中的第一封情书。"……

不是不曾担心过，高考毕竟是一件全民关心的大事，有时也会忧虑这些看似无用的安排会不会真的让学生们虚度了最黄金的岁月，但是，每当看到学生课堂上欢喜的表情和清亮的眼神，看到他们语文学习中的投入，看到他们捡起凋零的玉兰花瓣在洁白里写下的动人诗句，看到他们捡起心形的银杏叶夹在书页中，做成一枚美丽的书签……我相信，一定有种很美好的东西已经默默地在他们的身上生长出来了，而且会长久地生长下去。更何况，每当高考卷出来，我们常常会发现，许多题其实真的是可以不必做的，许多题做了也只是做了，而许多许多"浪漫时光"，并没有被辜负。

以后的语文时光，依旧会和新一届的学生继续虚度一些光阴：去自然里邂逅一首唐诗或某个诗句，搭乘书橱里的各式大巴开往想象过或没有想象过的远方，用文字作画，填好一首词……就试着用这样的一些虚度来喂养年轻的心灵吧。

手机里一直保存着一个小栏目，"那些不舍得删去的短信"，很多来自学生的原创。"嗨，你在哪？你是不是还睡着？你醒来的这会儿就已经立冬啦。冬眠吧。梦蝶吧。眠到不觉春，不觉晓。"这条短信是好几年前去上海听课时收到的。当时住在十五层的宾馆里，窗外一片开阔，星光闪烁，因为换了地方，睡得很不实在，天蒙蒙亮，婉转一声鸟啼中，收到了这条短信。是当时刚去远方读书的一个学生，大清早在火车站等人，火车还没来，并不寒冷的清秋时分里，晨光那般美，所以便有了这样的问候。"凌晨3点，睁开眼睛，窗外的灯光记载了我无法入眠的愁绪，睡在上铺，多了几分打扰到下铺的顾忌，提起笔想写点什么，就这样突然想起了你，这里的市区与我们那里很不相同，一眼望过去都是树，高大的树将高楼都掩盖住了。呵呵，写这么多，都不知道在写什么了。老师，我想你了……"

我所在的学校并不是什么名校，所教的学生更称不上一流。在未来漫长的人生之路上，他们也许都是芸芸众生中极为普通的一个，但是，不知道为什么，总暗暗期待，有过了那些浪漫的虚度，他们对于这个世界的感知，会多一些别样的美妙。

淡情节里的深波澜

～～～～～～

　　有一段时间，在每堂课的前五分钟，我一直坚持选择一首小诗，和学生共品文字之妙和其蕴藉的情意。诗歌的语言是文字中的黄金，我相信美丽的它们，总会让学生在某一个瞬间激扬生命的灵性，亦会在其心底绽放出诗意小花。

　　那天，我和学生一起欣赏诗人云亮的动人小诗——《想给父亲做一回父亲》：

　　父亲老了／站在那里／像一截地基倾陷的／土墙

　　国庆我赶回老家／父亲混在村头的孩子中间／固执地等我／父亲对我的态度越来越像一个小孩

　　我和父亲说话／父亲总是一个劲地点头／一时领会不出我的意思／便咧开嘴冲我傻笑

　　我和父亲一同回家／胡同口的人都扭着脖子冲我俩看／有一刻／我突然想给父亲做一回父亲／给他买最好的玩具／天天做好饭好菜叫他吃／供他上学／一直念到国外

　　如果有人欺负他／我才不管三七二十一／非撸起袖子／揍他狗日的一顿不可

　　在为学生朗读这首小诗的时刻，我真切地感受到自己和学生内心深处的震撼，是莫名的感动、无比的想念，亦是深深的愧疚。天下每一位父亲，都在用相同的方式爱着自己的孩子，而每一位孩子也在用着不同的方式回应这份似海的深情；在诗人极其朴素的语言里，就那么突然地，心底那根温柔的琴弦，被轻轻拨动着，就那么突然地，我们深陷在了某种微温的心灵共鸣之中。

透过学生的眼睛，我知道，他们和我一样，想起了自己的父亲，想起了爱和被爱的种种往事，或者还想起了好久以来和父亲那淡淡的隔膜，想起那一声在心中萦绕过千百回，却从来没有说出口的"爸爸，我爱你"……

一首文字极其朴素的小诗，何以会如此轻而易举地打动我们的心扉呢？它的力量究竟在哪儿呢？这是我想让学生寻思明白的问题。可学生们纷纷摇头，一切似乎都是"只可意会不可言传"的。

是因为它歌颂了一个特别的主题吗？——不是。关于亲情，经典的诗文又何止千百！

是因为它的语言格外华丽出挑吗？——不是。它的语言质朴自然，平实如话家常。

是因为它有扣人心弦的情节吗？——不是。情节淡淡，几乎未见任何波澜。

……

我试着请一位同学用简洁的语言还原诗中的生活瞬间，那读来令人千回百转的真实时刻，不过就是这样一个平淡的小镜头：

一位在外地工作的年轻人，利用国庆长假期间，回到自己的家乡探望家人，当终于又站在那个熟悉的村口，他看到了早已等候在那里的苍老父亲，淡淡地互相打过招呼，他们谈笑着，一起走回村头的老屋。

如此一个没有波澜的生活小镜头，一个司空见惯的家常画面，却在作者简洁的描述里有了迭起的深深波澜，不过，不是情节上，而是——心灵的波澜，情感的波澜！

是怎样汹涌的情意波涛啊？

遥遥相见的那一瞬，儿子心中涌起的，是无边的万千感慨——父亲老了，再也没有儿时眼中的那种英武！待到走近些，长大的儿子发现，时光变了，可父亲爱的眼神没有变，在那份洋溢着满足、期待、愉悦的眼神里，儿子的心灵湿润了，他读懂了那份长久的等待和绵绵无尽的爱！走在村子那条或平坦或蜿蜒的小路上，他们也许是并肩而行，也许是一前一后，唠叨着一些平常的话语，而在这平静谈笑的一瞬间，儿子的胸中更是波涛汹涌，百感交集：

"有一刻／我突然想给父亲做一回父亲／给他买最好的玩具／天天做好饭好菜叫他吃／供他上学／一直念到国外／／如果有人欺负他／我才不管三七二十一／非撸起袖子／揍他狗日的一顿不可"。一个"想"字，是多么淋漓尽致地写出了一个儿子心中的千回百转，就是这份波涛，引发了我们心中的共鸣——谁都是孩子，谁都享受过享受着父母的深情，可是，我们，是否像他们爱我们一样爱着他们？我们，又该如何回应那份爱？

……

朗读，交流，鉴赏，有某种清愁、某种情意，像脉脉的流水弥漫过每个人的心田，而同时，我亦看到学生沉思的容颜。有些文字的微妙处，是需要老师的巧妙点拨的，而明白文字的妙处，才能让学生收获动笔时的灵感。

生活小事之所以值得书写，是因为在某个瞬间，它让我们的内心荡漾过涟漪阵阵，那一波一波的微妙触动，撩拨着我们的心灵，让我们觉得惆怅或者幸福，感动或者沉思。当我们想用自己的笔，记录下一件生活小事的时候，应该铭记，文字留下的，不应只是那个瞬间的表象，那些只是用我们的眼所看到的；真正打动我们心扉的，是我们的眼睛看不到的，它们躲藏在我们的心灵深处。

在和学生感悟这一切的时候，我突然想起前不久偶然读到的隔壁学校一位初中生的真诚习作——《两个枇杷》：

两个枇杷，黄澄澄的，诱人的，在你的桌上轻轻地打了几个旋儿，便安静下来了，待在那儿。

当你穿着孕妇装，携着母亲的真实感，踏着细碎的脚步临近你的办公桌，请你那美丽的眼神，千万不要惊讶于那两个小家伙，那孕育着心意的东西。

你是无法想象的，我，是的，是我。我蹑手蹑脚地将那两个枇杷摆在你的桌上，知道我当时的心情么？霎那间的娇羞拂过，立刻又消失了，像扯落的花瓣在和风中飘扬，它落在我的心上，像我身躯的兴奋和我心灵的欢鸣。

你应该能理解的，一个学生的远远喷溢四散的情意，我的小拳曾被你像握着嫩绿一般地握住，你的爱贯穿许多世界，把我的天空滤出了蔚蓝，我好感动。我像夜色中的小鸟急遽地穿过有灯的屋子的窗户，在玫瑰色的朝霞中从大路上飞来了。

我祝福你，为你祈祷，也为那个小生命祈祷，永不疲倦的。

你不会在眉宇间露出怀疑的，更不会把心思定格在垃圾桶里的，是么？是的，不容置疑的。不然，微开的花朵会褪色枯萎的，横笛里的音调也会显得残曳，我会小心翼翼地收拢起我的心的。

两个枇杷，诱人的，在你的桌上轻轻地打了几个旋儿，便安静下来，待在那儿了。

从电脑的文件夹中调出这篇小文，请一位喜爱朗诵的女孩为大家朗诵。圆润的嗓音配着清丽的文字，像是初夏枝头的一颗颗露珠，一点一点地湿润了同学们的心灵。

在感悟文字力量的同时，我亦是想让学生明白，最真实的瞬间记录，应该借助更多的文字，复活我们当时内心的种种波澜，而不是照片拍摄式的事件留影，因为那是表面的，是空洞的，没有我们心灵的介入，它就无法传递出那份感动，无法真正动人心怀。这就是我们每个人为什么常常会遇到这样的尴尬：曾经让你很心动的一件事，当你用文字记录下来或向别人转述时，却颓然地发现，它根本无法拨动别人的心弦，甚至还有些索然无味。

大学者胡适先生说："都是平常情感，都是平常言语，偶然碰着个诗人，变幻出多少新奇诗句！"这种变换的魔力，往往就在于，诗人用简练的言语，刻画出了淡情节里的深波澜。

当然，我也没有忘记提醒学生，在书写内心波澜的同时，还应该让思维延伸到更广阔的远处，那就是我们生活中的曾经，是藏在我们心灵深处的某个朦胧或清晰的念想，唯有把它们串联起来，才会让自己的文字，在别人的心里，也留下一串动人的涟漪。

这一次的诗歌阅读时间远远超过了五分钟，可我知道，学生们所收获的，一定远远超越了瞬间的喜欢和感动。

心灵的阅读

一堂平常的语文课。

按惯例和学生一起评点"今日赠言":"美是到处都有的,对于我们的眼睛,不是缺少美,而是缺少发现。"班长胡刚提供了一句脍炙人口的经典名言。

学生的点评轻描淡写,因为熟悉。我也想一带而过,顺手抛出了一个问题:处处存在,为什么会缺少发现?

没料想,这个问题无意中竟开启了学生思维的开关:

缺少眼睛的发现,是因为心灵的花朵枯萎了,就好像日子过得苍白,是因为我们的心灵太苍白。

对生活中的美熟视无睹的原因是熟视,熟视导致了情感的沙漠。

……

活跃的发言,让我猛然想起了美国著名的 M.S. 斯特娜对其女儿的"自然教育法",为了培养女儿的感受感知能力,斯特娜在女儿小时常和她玩一种"蒙眼睛"的游戏:用一块布蒙住女儿的眼睛,在她眼前摆满各种物品,让她用手抚摸并说出物品和感觉。这种游戏的目的在于培养孩子在不用眼睛的情况下去体味身边的事物,从而使表达更细致更感性。后来,她的女儿感觉敏锐,文章擅长想象,文采斐然,在很大程度上得益于这个游戏。

我突发奇想,这个游戏对于高中的大孩子是否一样行之有效呢?我决心试一试,便临时把这堂语基课改成了即兴训练课。和学生简单介绍了一下游戏规则,我让学生闭上双眼,让心灵呈现开放宁静的态势,然后随意选定手边熟悉的某事物触摸体味,进行口头描述。在好奇心的驱动下,学生异常兴奋，断断续续地冒出了很多奇特的想法，课临近收尾，学生把思维的碎片捡拾整理成完整的句段。结果，我看到了诸如以下美妙的文字。

笔：闭上眼，手中的笔一下子陌生了，它长长的，微微有些凉，笔的尖端突然变细，我轻轻在手心划过，虽然看不到颜色，却觉得那里仿佛成了我灵魂的出口。

书：原来抚摸一本书的感觉这么温暖，虽然纸张很薄，很平整，好像是空白的，但我却感觉到充实。为什么会有这种感觉呢？记得以前曾看过一幅奇怪的画，是一个人脚底踩着一本书在空中飞行，以前我不理解这幅画的内涵，现在明白了，书，就是《一千零一夜》中那块会飞的神毯，有了它，我们就可以为自己插上自由飞行的翅膀。

水：我倒了一点冷开水在手上，清凉，像秋天的雨，我喜欢秋天，喜欢秋雨，秋雨冲洗了秋叶，而秋叶冲洗了我的心灵。

透明胶布：桌上的这卷胶布是新买的，印象中它晶莹剔透，透着淡蓝色的光，它的命运是被我用来修改错误，它一圈一圈地消耗自己，奔跑在同心圆上，好像总也到不了终点，即使到了，也是白白的一片苍茫。

还是那些平常事物，却变幻出如许新奇感受。

趁热打铁，在第二天的交流课上，我给学生介绍了法国童话小说《小王子》中的精彩片段，我和学生一起聆听了一个简单的秘密——那只智慧的狐狸告诉伤心的小王子：实质性的东西，用眼睛是看不见的，只有用心才能看得清。那朵在路人眼里和其他玫瑰别无二样的玫瑰，之所以在小王子的心中成为了世界上永远独一无二的玫瑰，是因为小王子在用心灵注视那朵玫瑰。

原来，生活中，我们缺少的不是眼睛的发现，而是心灵的阅读。心灵的阅读，就是情感的阅读；心灵的阅读，就是手想看见，眼睛想抚摸，耳朵想思考……捎上心灵同行，美才会无处不在。

这是一次特殊的尝试，它让我们真切地体会到了一个浅显的道理：用心灵阅读，近处一样有风景。生活从来不在别处，因为我们的近处，就是别人的远处。

打开思维，随性写作

~~~~~~~~

新接手高一，让学生每人准备了随笔本，希望他们随时记录下生活的动人瞬间，用文字触摸往事，留下独家记忆。可一段时间下来，他们写下的，多是生活的流水账、空洞的抒情、私人化情绪，很少真正有价值的东西。比如，写怀念，"日子如流水，转眼初中三年已成历史，回首往事，有考试不及格的沮丧，有领奖时的自豪，有操场上的角逐嬉戏，有教室的琅琅书声……"；写风景，会自然作态，"推开窗，天空总是灰蒙蒙的，到处都是钢筋水泥铸就的高楼大厦，小时候在乡下，天很蓝，云很白……"；写人物，则像写评语一般下许多结论；还有些同学，每天都以"昨天"或"今天"开场，以"明天"或"以后"收尾，像例行公事的思想汇报。文字里没有真实的人，没有动人的细节，更遑论充满趣味的生活艺术。

该如何打开思路，让他们学会真诚而优美地表达，写出随性灵动的文字呢？该如何让他们学会在文字里触摸心灵和生活的美好，为寻常日子、寻常事件穿上一件美丽衣衫呢？开学以来，我试着进行了"随笔训练三步曲"，效果还不错。

一、"定睛细看"，做身边风景的第一个"发现者"

生活中，许多学生习惯了借用他人的文字，不善于用自己的眼睛和心灵。所谓看，只是象征性地模糊掠过，没有真正停留对焦。台湾摄影家阮义忠曾说，他特别注重"见"，所谓"见"，是具体的，有温度的，有形状的，是一种几乎等于烙印的存在。第一步，就是努力让学生弄明白什么是烙印般的存在。

先做了一个小测试：来新学校这一段时间，你到底发现了什么？答案多是楼房整齐，树木很多，老师和蔼……有同学稍细致一点，发现学校每幢楼的楼名很特别，如"南大楼""北大楼""哈佛楼"等，再具体一点就冷场了。当询问阅览室门上所挂的对联是什么、最让人心动的标语在哪里、校园里的桂花树各有什么特点时，很少同学能答出来。

丈量世界　郭静娟摄

接着把学生所写的怀念自己母校的文字打印出来，让他们辨别是谁的母校，结果根本无法识别，因为太笼统太模糊，没有具体特征。

投影出自己近些日子所拍摄的校园天空之种种，谁说城市里只有灰蒙蒙的天？又和他们分享了自己的小文——《你遇见一只蚂蚁了吗？》：

起舞弄清影　郭静娟摄

……独自在一片小菜地里练习对焦。当镜头越靠越近，我一点点明白，平时，我只是路过一片菜地而已。那里，其实是一个丰富的世界。阳光照过来，草尖上的露珠里藏着很分明的青山绿水。而薄翼的蜻蜓，总是成双出现，有点像跳双人舞，又像是趁着晨光用羽语谈情说爱。还有瓢虫，乡下俗称"新娘子"，如果你喜欢它，那么下次就去寻找一株玉米，玉米叶玉米穗玉米秆上有各种瓢虫，黄色、红色，二星、七星、多星。拍摄时唯一

新娘子　郭静娟摄

的难点是它们的小碎步迈得极快，像蚂蚁一样勤奋，一刻不停地快速行进，叶中间，叶边缘，不知疲倦。而即使什么也没有，只是一片片小草叶，在晨曦里也和平日不同，那份闪亮的翠让人想起诗人惠特曼的《草叶集》，"哪里有土，哪里有水，哪里就长着草"，但小小的草叶上绝非什么也没有。"我是一只蚂蚁，你看不见我，并非我的世界一片黑暗，只是因为我小得难以进入你的视线"，狭长的叶片在人的世界里虽然微小不起眼，但在小小的蚂蚁看来，却是它们浩瀚而丰富的故乡……

展示这些，是想让学生明白一个道理，不能只是从这个世界匆匆路过，要"定睛细看"，做一个真正的看见者、发现者。"见"要来自生活本身，而不是依靠他人的经验凭想象模糊描述。要像摄影家的镜头聚焦一样，对准某些细部，像画家画画一样，看见叶脉、树皮、光线的明暗。在自己的文字里，要像第一个"发现者"一样表达，给阅读者带去惊喜讶异。

再试着让他们去体验生活，去发现，去写下。

唯有当学生真正拥有自我发现的意识和眼光时，身边可写的东西才会越来越多：阅览室的对联"世上几百年旧家，无非积德；天下第一等好事，还是读书"，如此意味深长；运动场馆外的标语"世界上没有一种痛是单为你准备的"，充满了哲学意味；一只蛾子也能带来一串笑话；一个不很好笑的笑话后面，则似乎藏着一群好玩的人……我们所在的寻常世界，原来这么好，这么有趣！

世界丰富的美，也许真的并不在于世界本身，而在于你是否有一双发现者的慧眼。

二、抓住"刺点"，对焦定格

在摄影领域，有个概念叫"刺点"。何为刺点？有些摄影照片，看似无可挑剔，但无法给人留下深刻印象。然而如果照片上有某些能让眼睛停留的细节，能"刺伤"眼球，目光能被"挂住"，有所阻滞，这就是刺点。能触动人内心，让人难忘，这样的照片才是好照片。

写作亦如此。发现只是拥有了表达的内容，但一堆素材并不代表丰富和好看。或平铺直叙，一一道来，或看见什么写什么，真实详细，却无滋无味。到底该写下什么，是第二个需要弄明白的问题。

给学生讲述了一个作家的故事。有一个人向一个大作家请教写作窍门，大作家什么都没说，只是带他一同出海钓鱼。几天之后，作家问那个请教者：钓鱼的整个过程中，哪一会儿最激动？仔细回忆之后，请教者回答，是当鱼咬到钩子，鱼线猛地绷紧，在绷紧的鱼线上一溜水珠往下掉的那个瞬间。作家说：那就写最让你激动的那一溜水珠吧，写好写细，其余的就好办了。试想，如果笔触只是停留在"鱼猛地一咬钩子，人激动地用力往上拉，成功了，把鱼装进网兜，内心无比喜悦"这样的过程，虽然真实，面面俱到，但没有了"一溜水珠"这个刺点，便很难抓住读者的心。

这是每一个写作者都应该学会的重要一手。恰逢中秋，又给学生阅读了于丹老师的一篇小文章——《那年中秋，母亲落泪》，其中几段是这样的：

我十来岁的时候，有那么三四年，爸爸在安徽工作，我跟妈妈住在北京。妈妈的名字里有一个"桂"字，生日正好比中秋晚一点。

一年中秋，一位叔叔从合肥坐火车来北京，"哐当哐当"，抱着好多东西来我们家，说都是爸爸送给我们过节的。叔叔一走，娘儿俩就开始一样一样地拆包裹：烧鸡，点心，还有不同口味的月饼……最后，拿出一个高高的，装洋酒的那种纸盒子。

我说："爸爸给咱俩带酒啊？"伸手一抱，又特别轻。

"要不，咱俩猜猜，盒子里装的啥？"

娘儿俩就开始摇，只听见里面哗啦哗啦、细细碎碎的声音，像是存着一把沙。

猜不着，打开吧。一看，哇，满满的是一枝桂花！

原来爸爸爬到省委大院的桂树上，给妈妈砍了一枝桂花。

我现在还能记得那枝桂花的样子——没有花泥，爸爸不知从哪儿弄了一包脱脂棉，饱饱地蘸了水，一层一层裹住，再用保鲜膜缠上，最后用一个大塑料袋包好，稳稳地立在盒子里。

在那个花枝中间，放着一张小卡片，上面是我熟悉的蝇头小楷：

今夜鄜州月，闺中只独看。

遥怜小儿女，未解忆长安。

香雾云鬟湿，清辉玉臂寒。

何时倚虚幌，双照泪痕干。

正是杜甫的《月夜》。

那天，妈妈捧着卡片，什么话都没有说，闭上眼睛，长长的睫毛梢有一颗泪珠，忽闪忽闪，很久，"吧嗒"一下掉在卡片上。

还原的场景，不过如此：父亲在外地工作，中秋不能回家，托人带了礼物，礼物中有一束桂花，母亲为此感动地落泪了。一件多小的事啊！但作者把笔墨集中到了"拆桂花"这一个刺点上，表达出了内心的婉转波澜。所以，母亲那"吧嗒"一滴眼泪，好像也落在了我们心上。

一个学生随笔写自己周末闲暇时去看望爷爷奶奶。爷爷奶奶很高兴，做了很多吃的，吃完后去书店，奶奶陪同，逛完书店出来，奶奶不停地询问他要不要买点吃的或玩的，让人很厌烦，他拒绝之后，心里又有点过意不去。这是不错的素材，读来却平淡，我便和他一起闲谈，问他那次探望中最难忘的是什么，为什么写它，探望回来心中最放不下的是什么。试着追问，学生终于找到了刺点，那就是奶奶无比殷切的语气和他的不耐烦。他重写了这篇随笔：

……

奶奶跟在我后面，一路上一直询问我的校园生活。我答得简约，漫不经心：是，不，嗯，还好……终于到家了。我想安静地看会儿书，休息下便回城里。奶奶又巴巴地满怀期待地问："小宝，走这么久，渴了吧？我给你去削水果啊！"我不爱水果，可不知为什么，竟突然不忍心拒绝。奶奶对我的到来是如此欢喜，她在尽一切努力让我开心。想起小时候，奶奶是我眼中全世界最好的人，啥愿望都能满足我，和她上街，我总是要这要那，最后赖着不肯回家。一转眼，我长大了，有了自己的世界，可奶奶呢？她还停留在原地。她记住的，都是我小时候的样子，她这么用心对我好，却再也难以走进我的世界。

我不是孩子了，可我，似乎并没有长大。

修改后，读来颇有感觉。也许，所谓"刺点"，就是一个事件当中和你的心灵联系最紧密的地方，是烙印般的存在。找准了，然后把文字当镜头，定格，对焦，放大，特写，那么，别人就可以看清你内心动人的涟漪了。

三、添加旁白，还原"心灵的真实"

经由上面几个例子，我们明白，生活是寻常的，心灵是艺术的。当我们在纸上写下昨天，不仅是在回看镜头，更是在用心灵对自己的寻常生活进行艺术处理，表达出趣味和意义。

何谓文学？刘亮程曾定义为，"我们对这个世界的重新抚摸"。他说，因为写作，人获得了重新进入生活之场的机会，在回味中，人获得了对这个世界重新的看法和新的情感。所以，我们在文字里读到的，不该是一个纯粹客观的现场，而是一个经由独特心灵加工过的现场。那份极其微妙的心理，可以旁白的形式出现在对话、动作、神态里，丰富和丰满一个个细节，使原本其貌不扬的它们充满感染力。文字表现出来的"这一刻"，不仅是客观呈现的"这一刻"，更是某个人心中特殊的"这一刻"。文学史，就是人类的心灵史。

生活中的许多个瞬间，没什么特别，可是，一旦附着心灵的触动，就大不一样了。这不，秋凉了，教室里的蛾子突然多了起来。它们在寻找暖和的地方。于是，有了一个蛾子的故事：

左侧的窗台上有只小虫。它昨天就停靠在了那儿。

我是怕虫的。我想把它赶走，于是轻轻吹了口气。对于虫子来说，一口气足够了。它差点掉下去。在以为我是赢家时，它却扑扇着翅膀，慢慢地飞回原地，静静地，一动不动，像一只通体碧绿的玉虫。

一个念头一闪而过：它已命不久矣。我没再吹出鼓着的下一口气。

今早匆匆赶到教室，坐定之后，开始了不走心的早读。它却再一次闯入了我的视野——仍旧是静静地，一动不动。不同于昨天的，是它倒在了窗台上。

它就这么轻易地"客死他乡"了，成为了一只真正的"玉虫"。

没有一只虫子为它哀悼。

而在另一个同学的笔下，蛾子的故事有点曲折：

夜自修时，一只蛾子悠闲地飞旋着，一不小心，一头撞上关了一半开了一半的窗。停下手中的活，我一个箭步上前合上了那扇开着的窗，想在它寻找出口的模样里，逗留一下匆匆的解题脚步。

它加快了翅膀振动的频率，一次又一次地撞上了透明的玻璃。无奈，却义无反顾。

仔细看，这只傻蛾子还有点可爱，翅膀的外层是灰色的，翅膀张开时，内侧是橙色的，像秋光里的一点暖。两只触角不停摆动，像在探寻或思索。

我顿生怜悯之心，打开一扇窗，希望它飞向自由。它拍了拍翅膀，往下一个弧线加速。真想告诉它，玻璃虽然透明，但它真实存在，禁锢着它无论怎样坚定的步伐。可惜，飞蛾只懂虫语，不懂人语。

我忘了它的存在。再抬头，我看到了窗台上橙色的一点暖，是它的尸体！翅膀依然张着。它，一直飞翔到了死。

飞蛾拥有翅膀，却飞不过面前薄薄的玻璃窗。

望着窗外，心有那么一点点秋凉。

文字的魅力，就是讲述者的魅力。不同的心灵，会赋予同一片风景、同一件小事不同的趣味和意义。你有趣，世界所以有趣；你有奇思，生活所以曼妙。还原"心灵的真实"，是对客观生活艺术化的前提。

开学一小段时间了，随笔写作指导三步曲走下来，虽然很多学生还停留在第一步，但终于能在其中读到让人莞尔一笑的文字了。当文字在投影上被一一展出，我看到学生眼里的喜欢。写，是一件多么美好的事。拿起笔，就是生活美的发现者。他们正试着成为平凡生活的艺术大师。

深入灵魂的热爱

——叙事散文写作指导

~~~~~~~~~~

这是一堂作文讲评课。要求以"深入灵魂的热爱"为题写一篇作文，文体不限。因为题目的缘故，不少同学选择了散文文体，所以讲评重在叙事散文的写作指导。

一、生活化导入

师：今天是个好日子，阳光灿烂，嘉宾云集，高三七班教室春意融融。不仅如此，昨天感恩节，今天醒来发现有红包，老朋友发的，5块8毛8。一早来到学校，办公桌上一张洁白的卡片，上面写着：给心里住着2个20岁女孩的你——昨夜，寒风，5个快20岁的女孩子，笑着，像花一样美丽，但老师，你是2朵花，笑得像我们的同龄人，你比我们都美，希望你天天开心！落款时间：2015年11月26日。

真好啊！今天我们正好要讲评上周所写的命题作文《深入灵魂的热爱》，一切都刚刚好。生活，就是这般美妙！

前些日子，在微信上读到一篇文章——《为你喜欢的事早起一小时》，有段文字特别好，和大家分享（投影）：

为自己喜欢的事情早起一个小时吧。这是完全属于你自己的一个小时。世界还没有苏醒，你不用与任何人交流。写字，插花，跑步，画画，任何事，哪怕只是去看一片叶子。当你回来，看见孩子欢笑的脸，围上围裙为他做饭，你会快乐地哼着歌吧。因为这一天，属于你的喜悦，你已经装好了。

——《为你喜欢的事早起一小时》

师：在这段文字里，你们读到了什么？

生：喜欢！

师：没错，喜欢！（板书）这段话好像就是为我这样又要工作又要做好家庭主妇又有一些爱好的人而写的，于我心有戚戚焉。（学生乐）有画有图为证（展示）。一张是上周三值班时老师的钢笔画，太困了，临摹一张去困意。另两张是去年这个时节刚开始学习国画时所画，因见银杏落，故想象着画了两幅。你们好像不相信那是刚学画时所画。可见我是有些天分的，也可见我退步了。（学生乐）两次作画相隔了一年。而这些日子，微信上正盛传李世民

千年古杏　郭静娟摄

所种的一株千年银杏图片，又想起前年这个时节我曾去双杏寺拍过千年古杏，雨后所拍，回看依旧惊艳。可是，相机包我已经很久没有摸过了。一切的理由都是：忙。

这就是所谓的——喜欢。

语文组的陈凤娟老师在转发这篇《为你喜欢的事早起一小时》时，还写了这样一段文字：

小区那位喜欢太极的大叔，每天起得比鸟儿都早；张家三姐妹中最有才气的张充和，晨起第一件事就是练习两小时书法，终生如此……我们喜欢的事，以世俗的眼光来看，可能不能带给我们金钱、资源等，更不能谋生，但往往恰好是这些，才可能是我们深入灵魂的热爱，赋予我们单调平庸的人生以隽永的意义。

师：请问陈老师评论里所举的事例，和老师的喜欢有什么不同？应该定义为什么概念？

生：每天，终生如此，不带任何功利心，成为了自己生命和日常生活的一部分。这是热爱，热烈的爱。

师：对，知道爱的繁体字怎么写吗？（展示爱的繁体字）中间有一颗心。没错，用心爱。再看热字怎么写？上面是执著，下面四点是火，火热的心，执著地爱，这就是热爱。我们这次的题目是：深入灵魂的热爱。下笔前，有没有思考过"喜欢，爱，热爱，深入灵魂的热爱"这些概念的不同？你们所写的是不是仅停留在喜欢的阶段？

二、意趣化解题

师：请用一个词语或一句话来形容"深入灵魂的热爱"。示范，如"深入灵魂的爱，就是至死不渝"。请一组同学交流，"深入灵魂的爱就是——"

生：你是我的空气。

生：你是我的全世界。你在，我就拥有了全世界；你走了，这座城就成了一座荒城。

生：你是我所有的动力，让我无惧无畏。

生：你增加了我灵魂的重量。据说，每个人的灵魂都是 21 克，但如果你有所喜欢，对生活有所热爱，那么你的生命就丰富了厚重了，灵魂的重量就增加了。

生：执著，但并不偏执；理性，但不盲目。

师：即兴表达相当不错，作文中同学们也有一些很精辟的定义，请看（投影展示）——

爱你就像爱生命！拥有一份深入灵魂的爱，你就会懂得，人生值得过，值得爱，值得奋斗。——顾高怡

如果爱，请深爱。任尔弱水三千，我只取一瓢饮。——江钰

热爱深入灵魂，故觉千山可跋，万水可涉。——张婷

"我欲与君相知，长命无绝衰，山无棱，天地合，乃敢与君绝。"原来，世间还有一种爱超越了物质，超越了生死，除非宇宙毁灭，我的爱，绝不停止。这种爱，才是深入了灵魂。——童慧

师："我真爱北平。这个爱几乎是想说而说不出的。我爱我的母亲。怎样爱？我说不出。在我想作一件讨她老人家喜欢的事情的时候，我独自微微的笑着；在我想到她的健康而不放心的时候，我欲落泪。我爱北平也近乎这个。"这个作者是谁呢？（学生乐，答"老舍《想北平》"。）

师："热爱"是一个抽象的词，同学们的这些定义把这个抽象的抒情词语形象化了，让我们有了真切的感受。老舍《想北平》中还有许多这样的句子："我不能爱上海与天津，因为我心中有个北平。"多好啊！前一段时间刚放过一部法国童话电影：《小王子》。还记得里面的经典台词吗？狐狸希望小王子能够驯服自己，小王子说：我不能驯服你，因为我注定是要离开的，我的心里

已经有了那朵独一无二的玫瑰花。这就是深入灵魂的热爱。这些，都要在动笔之前想清楚。任何一次作文，都需要对题目进行细致的解读。审清题意之后，再决定怎么写。这个题目比较感性，所以这次许多同学一改议论文文体，大胆选择了叙事散文文体。敢于作这样的尝试，非常好。而对散文这个文体，你们又了解多少呢？

学生交流。

生：以小见大，形散而神不散，描写的多是生活琐事。

生：散文往往借助于生活中的微末展开，写的都是大家熟悉的生活，但是作者往往在其中看见了别人没有看见的，并把它表现了出来。

生：散文最能抒发自己的真情实感。

……

师：说得不错，看来大家对散文的概念很了解。确实，散文是一种特别的文体，很灵活，但也有固定特点。比如，散文记录的多是生活中的琐碎见闻，点滴感思；常常能由此及彼，以一物之微，触通人生，是从极细的平凡处走进一个丰富而深邃的"极乐世界"。极乐世界是指宇宙妙理，人生甘苦，明心见性，独特的人生体验……所以，散文看似平凡，但深刻，看似平淡，但隽永。这次，我们班学生所写的散文大致分为三类。

第一类：偶像派。如"一直喜欢王菲，不是因为她是天后，也不是因为好奇她丰富而跌宕起伏的情感经历，而是喜欢她无论在哪一种状态中，生命内部都会透出一种超尘无染的气质，无论是落寞的、悲伤的、痛苦的，还是喜悦的、欢乐的，乃至颓废的，都是那么深，那么真，她生命的内核中，朝外散发出一种淡如星月却隽永的光……"

第二类：自然中一物。如"儿时的时光是在祖母家度过的，爷爷种过很多颜色的太阳花在院子里，但我仿佛只钟情于那棵姿态奇异的橘子树。它的形状像一棵盛开的兰花，四周的枝干朝外生长。祖母常说，它像一把大大的伞，只是没有伞柄。那可真是一把活跃而生动的伞呢。儿时的我常常站在绿荫下，倚在它的枝干上，闻它的叶子，吃它的果实，那时候的时光，仿佛极其温柔，带着清新的气味……"

第三类：生活中一物。如"在这个世界上有没有一样事物，让你想起来就心跳加速，两眼放光，激动到脸红？对我来说，有。每次想起它，我不仅会出现以上症状，还会忍不住口齿生津，狂咽口水。那就是辣……"

都是不错的选择，都有很不错的开始。你们想看哪一个？

生：（异口同声）第三个！

师：就知道你们和我一样，是一个吃货。（学生乐）刚才说了，散文常常由此及彼，以一物之微，触通人生，从极细的平凡处走进一个丰富而深邃的"极乐世界"，就如《桃花源记》中所说，"山有小口，仿佛若有光""初极狭，才通人。复行数十步，豁然开朗"，最后呈现出一个美妙无比的桃花源。那么，这"辣子"会通向怎样的桃花源呢？请同学们先来想象一下。

生：通向吃。

生：刺激的生活。

生：亲情。

生：某个哲理。

生：与辣有关的生活场景。

……

师：看来每个同学心里都有了一个或模糊或清晰的去处，下面就来看一看，这篇文章通向了怎样的地方。老师先不告诉你们这篇文章的作者，读完了，猜一猜，从文中看看她有着怎样的性格特点。

（展示文章，括号里的内容为简要评点。）

深入灵魂的热爱

在这个世界上有没有一样事物，让你想起来就心跳加速，两眼放光，激动到脸红？对我来说，有。每次想起它，我不仅会出现以上症状，还会忍不住口齿生津，狂咽口水。那就是辣。

一个生于江南却有一半陕西血统的女汉子是不怕辣的。吃得人直哈气却还大呼过瘾的菜才是好菜，面也要加一勺油汪汪的辣子才最香，就连生活也是，每天都要"热辣辣"得充满变化与激情。我似乎对辣有着一股与生俱来的渴望。（是不是有点出人意料？）

我相信，每一个陕西人都有这样的渴望。（由个到类。）

你见过这样的情景吗？一个小小的街市，挤着十几家面皮铺，每一个铺子里都坐满了人，一碗碗热腾腾白糯糯的面皮，再浇上一勺油泼辣子，晶莹透白的面皮和红色的油辣子形成鲜明对比，看一眼就让人食指大动。尤其是在这样冬日的早晨，那拌着面皮的油辣子，唤醒了味蕾，刺激着喉口，并且一路向下，温暖了人的五脏六腑，让每一个陕西人都能以"热辣辣"的精神面貌开启新的一天。（细节描写，极形象生动。从辣的口感，到辣的精神面貌，转换自然。）

辣，是陕西人一天的开始，或许也是他们一天的结束。（看来，这位同学一定很喜欢看《舌尖上的中国》，它常常由早晨开始，以夜晚来收尾。）

我表姐曾在一天夜里把我从温暖的被窝里挖出来前往一家面食店。不知道是夜里几点，像食堂一样的店里摆满了长桌，也坐满了人，售卖的窗口前还排着队。坐在对面的表姐眼神晶亮，得意地告诉我这是她比较了好几家店后，找到的辣子最香的一家。我环顾四周，每一个人的脸上都带着只可意会的满足。再多的细节都已忘却了，只记得在那个冬夜，我也吃得薄汗湿衫，然后和无数的陕西人一样，带着对明天的期待睡去。（又一处细节场景。）

陕西人拥有丰厚的历史财富，有十三个王朝先后在此建都，他们还拥有世界第八大奇迹，深厚的历史沉淀和世事变迁让他们拥有沉静而豪爽这样近乎矛盾的性格。然而在很长一段时间内我都很疑惑，为什么他们一提到辣就变得兴奋，甚至一改不拘小节的性情，挑剔着不同店里辣子的细微区别，他们为什么对辣有如此深切的执着？

后来的后来，三年未回陕西的现在，我渐渐明白，辣，绝不仅仅是陕西人对口腹之欲的追求，更是他们的一种生活态度。不管他们是沉稳内敛还是豪爽大气，都追求一种新，一种变，在日复一日规律的生活中寻找新的激情，哪怕是困难阻碍，他们也一定会以"热辣辣"的姿态迎难而上。藏在对辣的热爱的背后的，是对生活的热爱。（卒章显志。）

什么？你不信？那你下次和我一起去陕西嘛，我带你去感受他们对生活的热爱，也尝一尝他们的油泼辣子。哎，不说了吧，要流口水啦！

（学生开怀大笑）（最后化用的是《想北平》中的结尾："好，不再说了吧，要落泪了。真想念北平呀！"读得很过瘾，颇有桃花源之感，让人眼界大开。）

师：现在请同学们来猜猜这位爱辣的女汉子到底是谁？

生：林昕。文中说陕西人，透露了这个信息，林昕在生活中是一个热情活泼爱笑的女孩，大大咧咧的，说话直接，为人直爽，有点辣。

师：请林昕同学站起来给听课的老师看一看，是不是真的辣？林昕的笑容真的热烈！

师：为什么让同学们来猜呢？因为想告诉大家——

"散文即我。散文是作者的独白和自传。大画家吴冠中曾说，凡·高的画不是手的产品，是用灵魂画的，谁也无法模仿，唯有作品，最赤裸裸地揭示了作者的灵魂。画作如此，散文亦是如此，是用来表达我们的真情实感的，你应该让读者在文章中读到你这个人。"

林昕的这篇文章，有个性很鲜明的自己。这篇文章，从小切口入，而后豁然开朗，也可用一句诗来形容："曲径通幽处，禅房花木深。"深，即为茂盛之意。她也借用了他人的故事，譬如表姐，譬如陕西人的故事和历史，可是，都是为小作者自己服务的。

这就是有"我"的重要性。同学们，散文即我，这样的方法有点玄乎，下面我们借由林昕的这篇文章来寻找一下具体方法。

生：林昕的作文切入点是"辣"，辣很刺激，很过瘾，作者借用了几个镜头把它描摹得很细致，然后很自然地表达出对"辣"的理解，辣的背后是陕西人一种热辣辣的生活态度，是对明天充满期待，追求一种新，一种变，在日复一日规律的生活中寻找新的激情，哪怕是困难阻碍，也一定会以"热辣辣"的姿态迎难而上。林昕的文章，由实到虚，即由"对辣的喜爱"通向了"对生活的热爱"。

师：很好，散文往往由此及彼，即"由小到大，由物及人，由个体到类，由实到虚"。它是一种"实""虚"结合、因"实"出"虚"的艺术。所谓"实"，指的是现实生活中人、事、物、景等真实的客观外物。所谓"虚"，是以"实"为基石，向情感、精神等形而上的领域进发，构建的精神或心灵的大厦，这是散文写作的真正意图。

师：看一篇高考优秀作文，它通向的目的地也是热爱生活，比较这份热爱和林昕的热爱有何不同？

深入灵魂的热爱

我童年记忆最深的，并不是一幅幅五彩缤纷的图景，而是一片氤氲在身旁的香气。

母亲是爱香的。几块小小的香饵在香炉里混合，就有着千变万化的气味。那香气像是小兽的爪子，挠得我的心痒痒的，想进入这片秘密花园一探究竟。磨香点香，沉浸其中，时而仿佛躺在柔软的云里，时而似乎又走在满园花开中的小径上。

初成少年，认字读诗，偏爱那些关于香的诗歌。周邦彦《苏幕遮》中那句"燎沉香，消溽暑"在炎夏的酷暑为我注入了一丝薄荷味的清凉；读李清照《醉花阴》中"薄雾浓云愁永昼，瑞脑销金兽"，我似乎陷入了巨大的漩涡，香气愈浓思念愈稠，沉浸其中而难以脱身。我也常常幻想自己是个古代文人，调弦抚琴，清香一炷畅其神，助其兴；挥毫泼墨，香云一炉佐其心，导其韵。哪怕不能时时读书前焚香沐浴，也要洗净双手，带着一份清洁与淡香读书。抹不掉的香气渐渐凝固在我的骨子里。爱香，其实也就是怀着虔诚与热爱面对生活。

王阳明在描述物质和精神世界时，用了"身、心、意、知、物"，香料于我，就是连接内心世界和外在世界的桥梁。若说些不敬的话，神圣造像不过是特殊形状的金石，香料也不过是有着特殊气味的木材而已，可是有了焚香的仪式，木材与那片纯洁的心中圣地结合，物质世界和精神世界便有了重叠。"你未看此花时，此花与汝心同归于寂；你来看此花时，则此花颜色一时明白起来。"香料于我，就是那花于王阳明。对香料的热爱能深入灵魂，就是因为在焚香的过程中，我慢慢在物质世界里找到了精神上的家园，这家园里有香气，有美好，有对古典的虔诚……

也许在当下的钢筋水泥间，那水榭深处的香气早已被化学药品制成的香水替代，商品经济的发展也让人们对待事物的态度越来越随意，很少再会对一样事物产生深入灵魂的热爱。可是我并不恐慌，因为有香，因为爱香，生活在当代截面上的我便和千百年来爱香的文人雅士们有了联系，我便不再是无土栽培的植物，我便找到了根，生命也就不再单薄轻飘。

陈寅恪先生在讲课前，总会给书包上白皮，洗净双手，从他对书、对知识的热爱和虔诚里，我仿佛看见了自己，甚至我天真地相信，陈寅恪先生也是爱香的。悠悠的香气穿越千年，刻入我的骨髓。袅袅的香气勾我一片痴心，让我找到了精神的花园。

生：文章是借由"焚香仪式"，沐浴焚香、洗手等这样的仪式来表现对生活的虔诚和认真，陈寅恪的例子也是为了表达对书、对知识的热爱和虔诚。这和林昕同学热辣辣的生活态度，面对困难迎难而上的热爱方式迥然不同。

师：这就是面目清晰，作者结合"热爱"写出具体的内容，写出人的特性，而不是简单地贴结论性标签。

很多同学也想到了这一点，借由生活之实来写对生活的热爱，但写得很模糊，比如这样抒情："热爱生活的点点滴滴吧，不管顺途还是逆境，都请热爱生活！深入灵魂地热爱吧！"其实，热爱生活是一个很宽泛的概念，它的具体内涵有很多种，就比如语文组的老师都很热爱生活，但每个人热爱的方式是不一样的。

所以，"实"要写足，要写细，要聚焦，从而形成足够的铺垫，才能使"虚"的部分水到渠成。

这堂课就到这里，课后修改作文。试着让实的细节和虚的内涵相对应。

所见与所悟

——细节与立意指导

~~~~~~~~~

这是一堂微课设计。试着帮助学生发现细节，学会立意。

一、热身导入：观察身边小景

师：看老师的摄影照片。看到什么，想到什么？并由此为这幅照片拟一个标题。

学生交流：五角星 / 冬雨 / 秋色 / 线条 / 冬日色彩……

出示老师为之配的一首小诗：

流星雨

为春天鼓过小掌

为秋天醉过容颜

冬天来了

好像没什么事可做

小雪淡淡飘过

小雨滴答滴答

尚未凋零的几点夏日回忆

闪闪烁烁

犹如

一场好看的流星雨轻轻飘过

关于时光、关于人类的诸多心愿

被一株小枫

——藏进了枝条

和学生分享小诗思维来源：

小枫一夜偷天酒，却倩孤松掩醉容。——杨万里《秋山》

池水一结冰，连残荷也将消逝得无影无踪。那时荷花大概会在冰下冬眠，做着春天的梦。——季羡林《清塘荷韵》

冬天来了，春天还会远吗？——雪莱

……

感悟：你看见什么特点（细小的特点），就会写下什么观点，抒发什么情点（立意）。而你的看见，与你的心灵和阅读积累有关。

二、探寻方法：如何看见细节

（1）像画家一样去看。（投影）

两个人出去散步，其中一个人是优秀的素描画家，另一个完全不会画画。

两人一起沿着林荫道走下去，看到的景象会有很大的不同。一个人会看到小路和树，他会看到树是绿的，会看到阳光，会有愉快的感觉——这几乎就是全部了！

师：但是素描画家将看到什么呢？（投影）

他的眼睛习惯性地去探索美的来源，并深入美的极小的部分。他向上看，看到阵雨怎样分开阳光，然后洒到头顶闪闪发光的叶子上，知道天空被翠绿的光填满。他会看到一根大的树枝在树叶下浮现，看到宛如宝石光泽的绿色苔藓和斑驳而奇异的地衣，白、蓝、紫、红都混合成一件美丽的衣裳……

如果你不会像一个素描画家那样观察和思考，当你走过这条林荫道，就没有什么能说或可回想的，你只是走过了这样一条小路。

师：看过之后想一想，平时，你常常是走过了一条小路，还是看见了一条小路呢？

（2）内心要有积淀。

师：不仅如此，你还需要一定的阅读积累（即上面以《流星雨》为例）。所谓感悟，其实就是客观细节与心灵细节之间发生的碰撞。

有些特点，需要用心灵去看，而有所积淀，才能有所见！

三、一起来验证：同一个日常细节，不同的观察和不同的思维走向

（1）回想一下你对夏天的云有怎样的记忆。

学生交流：黄昏时的云很好看，有时候有火烧云；有时候云特别多，比较立体；没有太在意过……

（2）比较名家作品和老师习作，看他们对云有怎样的发现、描写，又有怎样的立意。

云脉脉　郭静娟摄

抬头看云

张丽钧

那天，骑车走在路上，突然发现前面一辆出租车的后玻璃装饰得十分考究。那曼妙灵动的纹路，似花非花，一漾一漾的，让人的心旌也跟着摇荡起来。我快骑了几下，试图看清那究竟是些什么图案。

"吱——"，前面一个紧急刹车，我自行车的前轱辘差点顶住了那辆车的尾灯。我惊叫了一声，同时也看清了那勾走我眼波的所谓花纹，居然是车玻璃反射出的天上的云彩！

我自嘲地笑着，索性跳下自行车，举头望天，全心全意地看起云来。

好白的云，好美的云啊！就在我的头顶上，他们悄然无声地上演着多么精彩多么美妙的一幕啊！

为什么我的步履总是那么匆匆忙忙？我的这双眼睛在追逐着什么？我的这颗心又遗忘了什么？如果不是借着一方玻璃的提醒，我是不是就不再记得头上有一方可供心灵散步的天空呢？

"妈妈，这个阿姨在看云呢！"

我被一个响亮的童声惊动了，心里咯噔一下。我想，在我举头望天的时候，自己一定成了路人指指点点的对象。他们会说我痴、说我呆，他们在心里讲着同情我、可怜我的话语，甚至还可能为他们自己敏锐的洞悉而沾沾自喜。然而他们都错了，只有这个纯真的孩子猜透了我，说穿了我。

亲爱的孩子，我小小的知音，你相信吗，在这个喧闹的世界上，有许多事情真的并不比看云更重要。如果你愿意，就请和我站到一起，让我指给你看吧——

天上，开着那么多那么多上帝来不及摘走的花朵……

学生总结立意：慢慢走，欣赏啊！

看 云

郭静娟

假日的某一天，比平日醒得早了一些，无意间一探身，被窗外云霞惊艳得恍惚了一下。恰如油画，层层叠叠，深深浅浅，疏疏密密。

几只鸟儿飞过，画龙点睛般地有了动感。只觉那美好的云层之中，新生正酝酿着优雅地挺身而出。出神间，悟到太阳不仅从绮丽的黄山和巍峨的泰山那边升起，也打我们身边的每一个早晨路过，看风景有时根本无需跋山涉水，星月日的美丽，本是一种常态。据说，大文豪福楼拜每天按时看日出，那般隆重地迎接晨曦，是不是在为每一个新生的日子举行一个唯属于自己的仪式，以示珍惜呢？

匆匆背上相机出门去。不知要去拍下什么，只是觉得，云卷云舒，像是一片片羽毛，带着心儿在飞。也许是草径上的一只嫩蜗牛，那触须的试探像一个美丽谜面。也许是细叶尖好看的露珠，欲坠不坠，映着世界的深绿与浅红。诗人说，露珠是月亮写给太阳的情书，每天清晨，阳光作为使者会按时前来取信。真好奇呀，月亮每晚写点什么呢？去一方小野地，看几株玉米慵懒的大叶子上来来回回跑个不停的小瓢虫……而最好的，是走累了，坐于湖畔的某处草坡上，呆看天上云。曾经的远方，寂寞的背包，偶然读到的一句妙语，某个心爱的名字，以及许多小小的美好，好像都裹在那云里呢。

也有些时候，什么都不想，只看云。云，真的好看。

……

不知有谁说过，一个没有离开过家乡的人，也有乡愁，那是对故乡里某些色彩一点点消失的深深怀念。而云，应该是其中之一吧。小时候，云彩其实是极常见的。那时，一到夏日黄昏，吃过晚饭，几个年龄相仿的孩子，便会端上凳子坐在村头路边看天空中云彩的变幻。那时候的云，美丽极了，姿态万千，色彩炫目，空中似有许多仙人踏着云霞来来往往，环佩叮当作响，云层的背后，像藏着一个秘境，给人无限遐想。有一次，看着看着，云霞中突然出现了一个"立"字，我们不约而同地站了起来，神圣而敬畏地感受着神仙的小小昭示。这个记忆如此清晰，以至于成为了童年生活里最神奇的情节。然而，偶然说起，别人却茫然不知。也许，所有的记忆都在记忆中艺术地变形，以至于难辨真假。正如我弟弟记忆中最深刻的，是上小学时门前的那条小溪，溪水清清，有时夏天放学早，他会把书包交给我带回家，然后和仨俩同学一起，从我们那个乡村小学门口的小河里，一路游水回家。那是怎样的童年呵，那小溪又是怎样的清浅呵！

看云的闲暇里，偶尔也会突然想起去新疆时在魔鬼城遇见过的无与伦比的云山云海，想起朋友镜头里定格的草原上空美得令人窒息的云，想起闲步远方时的某次偶然抬头呆立；想起与美丽他乡有关的许多特别时刻。那些足迹曾经踏过的远方，和在他人的文字里神往过的他乡，在看云的日子里，都悄悄地来到身旁，让人满心欢喜，又满怀惆怅。忍不住傻傻地想，对于像我这样一直生活在家乡的人来说，偶尔多情地想念童年、远方和他乡，会不会也是乡愁的另一种变奏呢？

边读边简单赏析。学生总结立意：偶尔多情地想念童年、远方和他乡，会不会也是乡愁的另一种变奏呢？

四、小结

像画家一样去看。心中有所积淀，眼睛才能有所见。有所积淀，外界和心灵才能发生碰撞，思维才能打开，立意才能别出心裁。

课后小练——请细细观察云或其他，写出属于你的立意！

行走小辑

我心温柔，犹如旷野

秋色里　郭静娟摄

秋色里

忍不住独自在微凉的暖色调里坐了下来
遥想过的北方之秋
笼罩四野铺天盖地
也覆盖了我在庸常和琐碎里跋山涉水的小小心房
这一刻
我只爱这虚度的秋日时光

晨风在松软的草地荡漾着涟漪
斜斜的山坡好似发出邀请
叶飞如羽
一株小树在光线里
陌生的旅人逗留在山腰
也正独自享用着秋色无边
远处一条小路
蜿蜒着家和更远的远方

等着飞鸟和云朵一起舞蹈
等着阳光把影子拉长
等着这沉默的瞬间
被落笔成一幅熟悉的名画
不知道还等待什么
这一刻
我心温柔，犹如旷野

浅浅走过，一座温暖的城

～～～～～

一脚踏出地铁站，置身于人流，却有些茫然，那般的人潮汹涌高楼耸立，好像早已熟悉无比。深圳，和所有的大都市看起来别无二致。即将逗留的两天半，到底要去往哪里？闻名的世界之窗，伟人画像或雕塑，古老的锦绣中华，被盛大泼水节演绎得焕然一新的民俗村……灼灼烈日掩去了它们的光芒。灵光一闪，就去书城吧，据说书城的广场上有许多卖艺人，自成风景。

好久都没有去过书店了。网店于不知不觉之中替代了一排排可倚可靠的书柜。家乡是个小地方，实体书店也基本沦陷，基本专属于年轻的父母、小孩和一到节假日就前来购买教辅资料的学生。特区深圳的书城，在艺人的包围之中，会是先锋或仙风的吧？

到书城时，恰逢下雨。广场很大，到处是绿得纤尘不染的草坪，夹杂着高大的树木，淡绿色的圆果落在灰色格子地面上，在雨水里熠熠闪光，行人很少，卖艺人也没有出现，看来他们还没新潮到在雨中表现内心的某份狂热。

然而，一进入书城，我们立刻忘却了所有的失望。

高高的木质台阶上，或三三两两，或独自一人，无不安静地陶醉在某一页书中。二楼栏杆边，密密地围坐了一圈，很少有人抬头，只个别活泼的小孩会换个姿态。我们讶异地张大了嘴巴，瞬间安静下来，迅疾地闪身于书柜之后，寻找起自己钟情的文字。翻阅的快感淹没了我们，一本又一本的好书让我们大跌眼镜。网店固然丰富和价优，却少了一份徜徉其中的怡然。只可惜书不打折，拿钱包的手犹豫再犹豫，还是悄悄换成手机，拍下所爱的书。

大家收获巨大，但淘到的，其实是一大堆书名和封面。感觉有些对不住，各人买了一两本。我挑了一本线装的《芥子园画谱》，捧在手里，唯有欢喜。

书城的二楼，有开放的摄影展，也令我们流连忘返，我们成了"翻拍也美丽"一族。还有一些别致的陶瓷店，精美的茶瓶、花瓶、茶托、香插让人领略到手艺人的独到匠心。一一品过去，时光快似鸟，翩翩而过。买回两个，放于书桌，一个插一丛野菊，一个放一把狗尾巴草，自有风味。因为价格依依不舍放下的，便用了收藏家马未都的话来作安慰，"过我眼，即我有"。真正的拥有，可不就是想着念着？

最让人难忘的，是后来扑面遇见的一句话："即使整个城市都沉入了黑夜，这盏灯也为你亮着。"这是深圳书城最为著名的"24 小时书吧"。

小坐了会儿，雨大起来，玻璃上的雨滴均匀如帘，高楼朦胧而瑰丽，远处打着花伞的人们散向四面八方，画面极富韵味。来时，一位朋友曾说，深圳，是年轻的上海，高楼耸立，创客遍地，活力四射。邂逅了深圳书城，感觉和想象中的不一样，繁华背后，藏有一份从容和宁静，优雅和温柔。正如它的无数条街道，中间车水马龙，两边的人行道，树木却葱茏高大，为行人淡去了喧嚣，留出一份清雅，这，也许是它与别的大都市的不同之处。

从书城出来，去了著名的红树林。朋友设计的路线是，从湾夏下车，沿着海岸线走到红树林。可他低估了路程的长度，也低估了沿路风景的吸引力。拿着相机的我们，一会儿被海湾的一片云牵着跑远了，一会儿又被路旁热烈的小野花紧紧挽留，转眼，又被飞来飞去的白鹭绊住了脚，我们忙着拍下白鹭临水照影的倩影，记录它如何舒展优雅的翅膀在水面书写文字，而当它落到礁石上，清高地昂首不语，我们之中，有人想拍出"孤舟蓑笠翁，独钓寒江雪"，有人想拍出"孤帆远影碧空尽，唯见长江天际流"……而隔着那美丽的大桥，远处的天空，着的是香港的色彩！天色忽已晚，红树林仍遥遥不见影。最后，只能把蔚然壮观的红树林留在朦胧的远方。

海岸暮色　郭静娟摄

最后半天，学历史的朋友强烈邀请我们同去赤湾炮台，看第一次鸦片战争遗迹，瞻仰林则徐雕像，到伶仃洋边凭吊投江而亡的宋少帝……还有一位朋友想重走海岸线，领略蓝天白云下的红树林，我和另两位朋友，毫不犹豫地选择了深圳的另一处书城——罗湖书城。任由他们声声呼唤，却"蒲苇纫如丝，磐石无转移"，可见，一座书城是怎样温暖了一个远方来客的内心。

途中，在一条长长的林径小路尽头，邂逅了一家茶吧兼花吧，院子里有无数的花草树木，每个角落都有草木故事，门口的帘子，竟然是垂落的草根！拾阶而上，才知道，茶吧名叫"舍下"，花草唤作"喜欢里"，想起古诗句："今朝风日好，或恐有人来。"且到"舍下"，喝杯茶去！

深圳，这个可以用无数形容词修饰的特区城市，在心中留下的，却是如此温柔婉转的小资情怀。只想有缘再来，再走那城市深处树木葱茏的人行道，再偶遇一两家别致的茶吧，再任由那24小时都为陌生人亮着的一盏灯，温暖现实和文字里的世界；再浅浅走过，那遥远城市里别样的温柔和温暖。

折一枝梅，闻香

春节。偶然路过高邮。

为着一句诗和一个人，在这里停顿了半日。

"江南无所有，聊赠一枝春。"这句诗，是常被安放在雅致的瓷瓶里欣赏的。寒冬季节，或春寒料峭，梅花含苞，暗香沁心，总忍不住会寻一棵枝繁叶茂的老梅树，折一枝赏心悦目的，插入瓶中，靠白墙处搁着，看姿，闻香。远方虽无人可牵挂，却莫名觉得，赠上一枝梅是件很浪漫的事，只是想想，也很美好。

后来才知，这首诗的作者是南北朝时期的陆凯，与南朝著名文学家、史学家范晔是知己。据说，陆凯当时率兵南征渡梅岭，正值梅花盛开，他遥望北方，忽然想起陇头好友范晔，便折下一枝梅，装在信袋里，托驿使捎给好友，并附上了这首《赠范晔》，前两句是"折花逢驿使，寄与陇头人"。这般美丽的诗句，无关风月，却情真意深，足够动人。

路过高邮时，朋友说这里有个古驿站，是全国规模最大、保存最完整的。心中没来由就荡起了这首诗，便想看看古人通传消息传递书信的驿站到底什么样。在思念需要慢慢煎熬的光阴里，人们是在怎样的砖瓦庭院里，怎样的草木花树前，一笔一画写下"两处春光同日尽，居人思客客思家"这样的内心婉曲呢？

靠近时很有些失望。人虽少，却似曾相识，所有的"古"，都长着一张连锁的脸：黑瓦，白墙，飞檐，大红灯笼，石板小路，几树直入天空的疏落枝干。入口处，是崭新的古街门牌，上书金闪闪的"馆驿巷"三字。新修缮过的旧巷子，和各地古街并无二致。

无视地走过这些，眼前突然出现一座"鼓楼"，上挂"秦亭明驿""古驿重光"之匾额，便是明代遗留下来的古盂城驿的标志性建筑，被誉为"中国邮驿史的活化石"，颇有气势。细看解说方知，盂城是高邮别称，取意于宋代词人秦少游描写家乡"吾乡如覆盂"的诗句。驿城是明代在元代秦淮驿的基础上发展起来的，朱元璋时期，令翰林学士考古订正全国俚俗不雅之驿名，秦淮驿因此改名为盂城驿。

进入驿站，规模宏大，远超想象，庭院极多。不少客舍一桌一椅，一柜一床，一窗一门，也有不少奢华型。客房、厨房、工作房、马房等一应俱全，各有大小，各司其能。桂树幽幽腊梅馨香之中，那些门联读来尤为深情："春风正临宾至如归，夕阳斜照君宜下榻""葭怀秋水托鸿邮，梅寄春风劳驿使"。在最靠里的一处院子里，竟还邂逅了一尊清隽的蒲松龄雕像。以为蒲松龄一辈子都像传说中失意地摆着茶摊听写奇闻轶事，却不知，清康熙年间，他曾作为幕宾来到高邮，管理盂城驿驿务，还撰写了反映驿站真实状况的《高邮驿站》。想来，南来北往的诸位客官，也给《聊斋》作过不少铺垫伏笔。

参观完才恍然，驿站，是古代置邮传命的重要军事设施，也是历朝历代政治经济兴衰的检测剂和晴雨表，国盛则驿兴，国弱则驿衰。缠绵情意，不过是古人相逢时心底的温柔一点，是因动人诗句而流传开来的美丽错觉。驿使所传之信，多为军情捷报要务，正如进门处所挂对联："国中置驿交通利，天外飞鸿顷刻来"。

从古驿站出来，有卖土特产双黄鸭蛋的，会心一笑。拐道高邮，不只因为古驿站，还缘于一个人——汪曾祺，他曾写过《端午的鸭蛋》。喜欢他文字中那修饰到不露痕迹的极致平淡，文字深处的暖和趣，以及对生命自然的爱意。任何疲惫都可以在阅读中被屏蔽，换得坦然一笑，世间的一切都恰恰好，一切皆可原谅。

汪曾祺的故居离这不远，但寻找费了些周折。绕过许多条旧巷，才在一条窄巷前接近了目的地。巷子极窄，车不能进，勉强可二三人并行，两边人家庭院幽深。路人告知故居就在前方，但这是我走过的最悠长最无尽头的小巷，一户一户复一户，问路五六次，才得回复"前面五十米处"，小跑至前，却顿然傻眼：只一小间门面，和其他人家一样，大门紧闭，门上贴了一幅新鲜的大红春联——"万物静观皆自得，四时佳兴与人同"，只在门的一边，挂有两块牌子——"汪曾祺故居""汪曾祺简介"。

学画一幅《闲话》

想起文字里那些活色生香的故乡草木和风俗民情，心不甘，试着敲了敲门。惆怅间，门"吱呀"一声开了，一个高大富态的中年男子走出来，和顺地看着我们，门内的天井里，几人正安静地吃着午饭。我们一下子结巴起来。原来，故居也是现居，住着其妹妹妹夫一大家子，来开门的是其侄儿，怪不得有几分神似。因常有读者不辞山水远前来寻访，小客厅里放了一大幅汪曾祺的照片，墙上挂了几幅写意画，以示心意。至于天井之后的凡俗人生，便不宜打探了。

在彼此的新年祝福中，我们差不多是落荒而逃。开怀大笑中，想起汪老的两幅小品画来，一幅是《草木春秋》中的插图，三两笔勾勒出的一支令箭荷花苞，简洁生动，题字却令人莞尔，"煮面条等水开作此画"。另一幅是他在《自得其乐》一文中所记，一次他画了幅紫藤，满纸淋漓，水汽很足，不辨花形，甚是写意，画好后挂于家中，一同乡来访，询问画的什么，他坦然答曰"骤雨初晴"，同乡仔细端详，觉得真有那么点意思，还看出了彩墨之间的一些小块空白是阳光。

也罢，就折一枝梅，闻香。水流云在。真好。

想念乌兰布统

~~~~~~~~~

去北方看过秋天，才真正明白郁达夫在《故都的秋》中写下的比喻，南国之秋"比起北国的秋来，正像是黄酒之与白干，稀饭之与馍馍，鲈鱼之与大蟹，黄犬之与骆驼"。南方的秋天虽然也有它奇异的地方，但确实色彩不浓，回味不永。秋天时去过北方，你才会知道，其实郁达夫表达得多么含蓄，和北方热烈深沉的秋色相比，南方沉闷的绿中夹杂着的那一丝儿黄，甚至可以说是平庸。

是在 2017 年秋天去的乌兰布统。早晨六点不到出发，晚上十点多才顺利到达。一路颠簸，却并不以为苦。去北方看秋，一直是一个心结。教学《故都的秋》时，有句方言很是悠长有味："一层秋雨一层凉了"。来自北方的同事解释说，北方的秋是大片大片的色彩，梦幻到失真，不像南方的秋色，一点一滴的，被挤在绿色的缝隙中，太小家子气。同事还说，北方那一树一树绚丽秋叶，也像春花一般短暂，一旦遇到突然降温，便会一夜间被冻住，北风一吹，哗啦啦掉光，唯剩线条。那样的告别，诗性而伤感。

真到了北方，才知道，要爱上一棵树太容易，就像身在南方的我们，春天时很容易爱上一树桃花或一株玉兰一样。

惊喜，从清晨的第一缕阳光落向一片白桦林开始。早就想捡一块白桦的树皮做信纸，想它被风轻轻吹开一条，柔软垂下，洁白如布帛，如宣纸，随风轻曳，真像是在等待有人落笔写下动人情话呢；也想象白桦的眼睛，妩媚，轻灵，像在深情凝视来自远方的你。但白桦的美，还是远远超越我们的想象，无法形容。光线，就像一个魔法师，能把平淡的容颜映照得通体透亮，何况是那亭亭白桦。

目光从白桦林中移开，又被草原上一株株独立的小树吸引。它们多处于草地中间，姿态优雅，卓尔不群。朋友说，北方寒冷，树生长期短，一到冬天，便会停止生长。所以它们虽然模样小，其实已有了年岁，沧桑的树皮便是明证。它们站立在草地中间，那样自在不羁，不由得让你留下尊重的目光，在它们身上，好像写着某种生命哲学：无论一棵树的种子落在哪儿，都不会甘于平庸，都会用力生长，寻找属于自己的姿态。

记得以前翻读席慕蓉的摄影散文集《席慕蓉和她的内蒙古》时，曾被她的一幅小插图吸引：一棵孤独小树，长在

白桦如画　郭静娟摄

空旷的漠野上，斜阳把树影拉得很长很长。一直都想要邂逅一棵席慕蓉笔下的小树。上苍也许总是眷恋有奇思妙想的人，在乌兰布统的草原上漫步，翻过一个山头，山坡的草地中间，有一株小树，在阳光里正拖着长长的影子。奇妙的是，小树周边的草已经黄得异常温柔，远处的树丛也全都着上了纯粹的秋色，唯独它，还是一株绿，妖娆地在风中轻摆。一个着迷彩的旅客正好走过，知己一般站立在它长长的影子旁。定格那一刻，唯觉光影神奇，天地神奇，心灵神奇。

等走近了，才发现，小树其实不算很小，而且，不是一株，是一对。它们面对面生长，正如舒婷诗中所说，"根，紧握在地下；叶，相触在云里。每一阵风过，我们都互相致意，但没有人，听懂我们的言语。"不知道是不是因为这样，它们才比其他树的模样年轻了许多。

让人喜欢的，还有一株模样小巧的山丁子树，立于旷野之中，精致而婉约。树上有红色小果。据当地人说，那果可食用，摘一粒尝尝，味道酸甜，浓汁，有小小的籽，口感不错，索性吃一把解渴，像真正的旅途漫步者那样。

远方的客人请你留下来　郭静娟摄

它的叶，微黄，多在树干顶部，片片立于风中，像美丽的鸟儿落满树梢，展翅欲飞。一直好奇，树一生都站立在它的原点，有没有向往过远方？每当暮色来临，阳光暗下去，那一株株独立的树看起来是那么寂寥。它们黄昏时站立在矮山坡上的样子，很轻易便会让沉寂已久的心事走出一个沉默者的心房。

在那棵山丁子树身旁发呆时，不知怎么竟想起了海明威《太阳照常升起》的结尾，"有时候，想想也是很好的"。是的，生活庸常，有些事，对于同样庸常的我们来说，想想，也挺美好的，倚着栏杆想想，捧着茶杯想想，听着雨声想想，走在阳光里想想……庸常的日子因此像是穿上了一件美丽衣衫。而一棵美丽的树，在阳光里，一定也是有想象力的，也许，它是靠着想象去

如花似玉的山丁子树　郭静娟摄

荡秋千的喜鹊　郭静娟摄

往远方的，所以，在路人眼里，才会这般美丽。

要离开的时候，来了只喜鹊，毛色柔韧，蓝色的背格外抢眼，它翘着长长的尾巴，绰绰然停在一个枝条上，荡起了秋千。"今朝风日好，或恐有人来。"也许，它们才是树儿们最为欢乐的注脚。

回来翻看照片时，发现自己完全忽略了许多有历史的景点，只想为北方的树写一首小诗：

　　　　秋天，适合虚度一些时光

　　　　太阳有些温柔有些暖

　　　　坐在园子对面高高的台阶上

　　　　轻轻轻轻把时光摇晃

　　　　最好看的树呵

　　　　总是在郊外，在阳光里，草地中间

　　　　每一片叶子都已出落好

　　　　像片片羽毛，闪着梦的金边

　　　　灿烂或沧桑

　　　　就用心爱的背包

装起一些色彩

然后，倚着树干

在大树的宠爱里

翻看影子、云朵和往日时光

秋风又起，背包寂寞，真想念乌兰布统，想念那梦幻一般的秋色啊！真的，即使就这么想想，也觉着很美好呢。

万物皆有惊喜处

～～～～～

如果我们试着像大自然那样度过一天，也许，对天地万物的灵性会有新的启悟。假日里，读梭罗的《你不比一朵野花更孤独》，一次次会心微笑，越来越明白多年前读他的《瓦尔登湖》时所不能理解的内容了。"湖是大地母亲的双眸。凝望它的人，可以通过它来测量自身天性的深浅。"观察蚂蚁——"你越是思考，它们与人类的差别越是微乎其微"。这些话，颇有深意，也让我在沉思中重返某些旅程。

2018 年去斯里兰卡旅行时，在海边有过一次极美丽的邂逅。

那次，特意起了个大早，一个人拎着相机想去拍日出，没想到天灰蒙蒙的，云层很厚，只有海浪，不知疲倦地卷过来又退回去。

我漫无目的地走在沙滩上，突然发现，不远处，一只鸟儿随海浪线时退时进，正兴味盎然地独自玩耍着海浪线，等海浪冲上来，它便轻快地跳远去，海水退回去，它又好奇地追过去，来回反复，不知疲倦。高处的沙滩上，一只小黄狗半卧着，半眯着眼，慵懒地看着这一切。

那一瞬间，只感觉，天地自然，多么奇妙！我完全忘记了没有拍到日出的惆怅，忍不住也赤着脚玩耍了一会儿海浪线，被海浪追逐到时，我甚至惊呼起来。海水凉凉的，温柔极了，调皮极了。玩累了，我便坐到小黄狗旁边，一起看了会儿天空，一起面朝着辽阔的大海，发了好一会儿呆。

具体想过些什么，是不记得了，但那一刻的安静美好，宛若一段童话时光，记忆犹新。

其实，我是天生有些畏惧狗这种动物的。但斯里兰卡的狗儿特别友好，

玩耍海浪线的小鸟　郭静娟摄

在那儿旅行的十多天里，从未听到一声狗吠，更不用说那种急吼吼凶巴巴的叫声了，倒是好多次在马路当中，在热门的旅游景点，看到它们睡得恣意香甜，全然不为人声所扰。后来听导游解说才知道，在斯里兰卡，人们崇尚人与自然和谐相处。野狗、猴子、乌鸦，是最常见的，人们会特意留一些食物给它们分享。因为在当地人看来，所有的生命都有其存在的意义，所以从不驱赶它们。当地人相信，你对自然好，自然也会对你好，所以，一条狗躺在马路边酣睡，那是极正常的一件事。正因为如此，在狗儿们看来，所有的土地，都是它们的家园，它们想在哪儿酣睡都可以，而人类，是它们无比友好的朋友。仔细想一想，这何尝不是对人类的最高信任和褒奖呢？

随着旅行的深入，才发现，一切生命都有灵性，都值得尊重，在斯里兰卡，是一种常识。印象很特别的还有那里知名的大象孤儿院，大家事先都以为可以看到一些特别的镜头，可是大象小象都自自在在地吃东西，并不表演什么。恰逢休息日，也有许多当地人，大人小孩就那样安静地看着，目光欣喜平和。这样平淡的场景，到底有什么好看呢？同行的一群人觉得很无趣，也包括我。等到后来想明白了，便觉得有些羞愧。我们总是期待动物为人类表演些什么，但所有的表演都是用无数的痛苦时刻换来的，那不是天性。既然是大象孤儿院，目的就是保护它们自由自在地生活，让它们慢慢成长。在这里，它们是被真正当成生命来对待的。此外，还有保护和欣赏。这，大概才是最需要我们用心体会的。

难怪梭罗写他湖边住所的特别邻居们时也会用这样的语言："它们澄澈的大眼睛里，流露出静谧安详的神情，似乎已熟谙世事，却又一派天真，让人久久不能忘怀。""我的房屋与鸟雀为邻。不是我捕到一只鸟将它关起来，而是我把自己关在了离鸟很近的笼子里。""在我的小屋里，我有一大堆伙伴，特别是在清晨没有人造访的时候……我并不比湖中那放声大笑的潜鸟更孤寂，也不比瓦尔登湖本身更寂寞……我并不比一朵毛蕊花，或者牧场中的蒲公英更为寂寞，或者是一片豆叶、一株酢浆草、一只马蝇，抑或是一只黄蜂。"在梭罗的心里，虫鱼鸟兽，草木花树，早就是他生命中的知己了吧，他把自己看成是它们中的一员。有时候，所谓众生平等，也不过就需要如此吧。

其实，当我们留意起身边自然里的诸多细节，又何尝不是如此呢？比如真心诚意地对窗台上一朵初夏牵牛说你好，你会发现它在微风中笑出了酒窝；比如，当你追逐一只鸟儿的踪影，它倏然回眸，你会发现它清泠泠的眼神似乎懂你；比如，路过安静的湖边，突然有小水鸭被惊起，打水漂似的贴着水面噗噗飞远去……你会发现，万物皆有惊喜处。大自然，简直就是成人的童话天地，足以带给你无穷的想象力和孩子般无忧的欢笑。大概，也唯有自然，会让人不自觉地置身于时间之外，忘却俗世中的纷纷扰扰，沉醉于那一刻。大概这也是斯里兰卡人特别爱笑，被称为"微笑兰卡"的缘由吧。

这么想着时，我一边翻着《你不比一朵野花更孤独》，一边又突然怀念起斯里兰卡的知名景点霍顿平原了。去那里进行十公里徒步时，凌晨就出发了，天气冷得像冬天，一路上，经历了各种地貌，草地、平原、河流、高山、泥泞山路，时雨，时晴，时而空旷，时而险峻……一直走到目的地——"世界的尽头"大峡谷，走到温暖夏天。霍顿平原是纯天然的神秘存在，不带任何烟火气，旅行者不能带任何有包装袋的东西前往，食物只能从简，沿途除了足迹什么都不能留下。这过程多么奇妙啊，好像自己也成了其中的一分子。路过一大片极空旷的草地时，阳光正好，我们一路奔跑，在草地上追赶云朵的影子，有谁脱口而出一句诗：云彩在草地上行走。

哎，读一本书和去往一个地方，到底哪种方式可以走得更远呢？回想的这一刻，我仿佛重回斯里兰卡之旅，也似乎真正懂得了梭罗和梭罗的文字。

月色温柔

初冬时节去安徽山里，一路看过去，绿意尚在，只是不再青翠，处处添了暖色点缀，如银杏叶明亮的黄，梧桐阔气的焦，马褂木随风摇曳的秀，乌桕果质感的白，还有大片大片落羽杉细细碎碎的红。在缤纷的颜色里，跟着结结实实欢喜了一路。

童话世界　郭静娟摄

冬天的天色暗得早，山中尤其如此，暮色一闪便离去了。月亮早早升起，山小月圆。那明晃晃的一轮，在头顶悬着，让人心中柔软。山路弯又弯，车在夜间的山路上行驶得慢，一个转弯，月亮挂在了左手边，又一转弯，月亮挂在了右手边。似乎少了方向感，也好，任由月亮多情地指引着所去之地。只觉在那寂静的山坳之中，凡是月光所到之处，皆被温柔以待。中途，车出现了一点小问题，大家下车步行了一小段山路，山中初冬的夜晚很是寒冷，山路上除了我们之外，一辆来回的车都没有，几个人走在山路上，唯有山泉和明月相伴，山泉潺潺，明月朗朗。这样的夜晚不曾真正体验过，却又似乎很熟悉，笑谈之中，大家忘却了寒冷，唱起了欢快的歌儿，"晚风唱着甜蜜的歌啊，轻骑踏月不忍归"，唱得每个人心里暖和和明亮亮的，却又想起，这歌儿曾在去北方看秋时在大草原上唱过，那次是黄昏时分，临近中秋，天色尚未完全暗下来，天色深蓝，满山秋色之上，一轮圆月，又大又圆，如同天空悬着的一枚美丽徽章。

月色，实在有着让人放慢脚步的魔力。

曾靠在窗口，用自己不是很专业的相机试着拍下窗外的那一轮月。可手一抖，拍成了一只南瓜饼，还带着焦香味。传说中美丽无比的红月亮，在镜头里变成了令人垂涎的南瓜饼，让人哑然失笑。月亮渐渐升起，红色和淡白各占一半，再次按下快门，拍下的却是一朵野蘑菇。可这都不是最妙的，当日全食完成，红光一点点撤退，光线逐渐明朗开来，镜头里出现的，竟是一只颇有质感的小陶罐，小陶罐上图案随角度变化，看似一幅轻描淡写的山水写意，又似一朵淡雅青莲若隐若现，正是一心想要淘来种多肉的美丽小罐啊，若是用它种上一株"静夜"，岂不妙哉？那一次，一直到月亮升上当空，需仰头才见，才停止拍摄，因为担心一不小心相机会从窗口掉落。月色温柔啊。漫长的守候，竟无以言说心中的点点欢喜，好像在短短的时间里，在飞速翻读大自然的日历，穿梭在从月初到月半的美丽时光里。

月亮是那么好看呵，好看得让我一下子懂得了木心的两句诗："不知原谅什么／诚觉世事尽可原谅"。记得当时已是深夜，家人都已睡去，傻傻的我离开窗口之后，竟然跑到书房翻找木心的《文学回忆录》，那印象深刻的两句诗，原本是从那本书里读到的。"……天色舒齐地暗下来／那是慢慢地，很慢／绿叶蓑间的白屋／夕阳射亮玻璃／草坪湿透，还在洒／蓝紫鸢尾花一味梦幻／都相约暗下，暗下／清晰和蔼委婉／不知原谅什么／诚觉世事尽可原谅"。木心一生坎坷，但文字却那般温暖。好像就是在那个明月皎皎的夜晚，忽然间就懂得了，奇妙的自然，足以安抚好人类任何一颗沧桑的心灵。那么，平凡如我们，傻傻地为一片美丽的光晕着迷，也一定是值得的。

翻翻微信，发现自己竟然拍下过不少月亮的奇妙瞬间呢。

有一年夏天的夜晚，在阳台上晾衣，一星一月近，相依相偎似的，觉得可爱，停下手中活，取相机趴在阳台上拍了小半天，虽然镜头不太给力，但终究心中喜悦。晾好衣服又去做了点小家务，重回阳台，竟然雾气弥漫，星月全无，一切就像个美丽的谎言，幸好有图为证。后来知道，那是天文现象中难得遇见的星月童话，只是因为天气不好，出现的时间极短。

而最奇妙的是星月构成的一张天空笑脸。那天在小区门口的人行道上散步，一抬头，天空中一弯新月，一边挂着一颗星，恰好构成一张笑脸。那时手边没有相机，只觉得神奇，痴看好久，努力解读着天空给出的如花笑靥，甚至以为是神的某种暗示，天空都在笑，一切烦闷皆可随之消散。第二天看报纸登出照片，才知道那是百年难得一遇的天文美景。那幅画面，一直都留在了记忆里，给人以微微一笑的力量。

前些日子，半夜偶醒，又在窗口见到空中月，色泽柔和，半个鸭蛋黄模样，没忍住，于半梦半醒之间又拍了好一会儿，一个爱摄影的朋友看到，竟不信月色真有那么美，以为是后期制作。我笑而不语，不作解释，有些美，唯有亲自领略。

安徽的山中初冬之行，虽然有诸多美景，最难忘的还是山中月。山坳之中，农舍屋檐之上，清晨与夜晚，相伴时时，却一张也没有拍下，但并不觉得遗憾。因为"人影在地，仰见明月。顾而乐之，行歌相答""月白风清，如此良夜何？"经典文字中的许多美好镜头，都来到了生活之中。因为已经懂得，身边月色亦动人，只需时时抬头而已。而遇见的那一刻，若是倏然让你心中有所停顿，思念起某人某地某个美好的瞬间，或者仅仅只是被那份美打动，便好。

后　记
书中岁月，天地阔滋味长

～～～～～

　　一晃，从教 20 多年了。回望时光那端的自己，初为人师，心中没底，抱着和学生一起学习这样一颗单纯的心，便开始了语文教学之旅。

　　犹记初登讲台那一刻的紧张：三尺讲台虽小，依旧是一个交织着几十束灼热聚光灯的舞台，没有靓丽的容貌，没有地道的普通话，没有拿得出手的书法，没有表演的天分，没有出色的口才，没有婉转的歌喉，甚至没有大胆的性格……无数的没有，凭什么成为一群澄澈目光的中心，赢得认可和喜欢？

　　这么多年过去，终于有勇气回答，比那些更重要的，是"一直在阅读"。

　　书橱里，有一本厚厚的摘抄剪贴本，20 年前的，书页泛黄，文字如新，它是我阅读和课堂相连的一个明证。扉页上有四个字：随录杂看。下面两行字，一行是，"桃李不言，下自成蹊"，另一行是，"要走进并拥有一片森林，而不只是摘下一片树叶当书签"。摘录下这两句话，大概暗藏了从教之初对自己的默默期许。

　　所幸，一直在朝这样的方向努力。这么多年来，阅读的习惯没有被忙碌的时光和琐碎的生活带走，反而逐渐成为了生活中自然的姿态。写过好多篇关于阅读的文章，题目也许可以表明对阅读的钟情，《被一本好书俘虏》《我喜欢轻翻书页》《阅读是一件美好的事》《乱翻书》《如果我们的语言是威士忌》……此刻，床边地板上，乱乱地堆着一小叠书刊，选录几本书名：吴冠中的《文心独白》，《中国国家地理》杂志执行主编单之蔷主编的《中国景色》，周汝昌的《千秋一寸心》，蒲松龄的《聊斋志异》，《中学语文教学》《语文学习》《教师月刊》等杂志。习惯于睡前翻书，喜欢几本书同读。不知不觉，阅读也成为了最好的备课方式。好多次公开课后，听课老师都会问："你是怎么想到的？""光搜集材料是不是得花很多时间？"其实，如果你也一直在阅读，你就知道，奇思妙想，它们自己会来。

阅读，不仅给了平凡而年轻的我站在舞台中心的勇气和底气，也给予了我的课堂丰富和生气，新鲜和独特，让我轻而易举地赢得了学生的喜欢。没有什么比老师自我的阅读更能带动学生的阅读了。我愿每一个学生，在漫长人生中都能拥有阅读时那动人的姿态。

阅读中，有几束特别的光源不能不提。

大约是工作几年后，学校原来的校长高万祥邀一位名家来校给学生作讲座，并特意让他和语文组老师座谈。清晰记得关于他的介绍：语文特级教师王栋生，笔名吴非。那一刻的惊喜，一直在。工作之初，特别钟爱上海《新民晚报》栏目"世象杂谈"，好多做了摘抄和剪贴，出现最多的名字是"吴非"。震撼于自己最喜欢的一个作家竟然是名普通中学语文老师，这让我重新定义自己这份平凡职业的内涵。

那次讲座中，吴非老师提到一个细节：有一次课间，他坐在教室里阅读一篇小说，读着读着，忘记了时间，忘记了一切，他流泪了，没有听到上课铃声。举这个细节是为了证明好作品的力量，我却从中感知到了吴非带些天真的可爱。原来，即使不再年少，依旧可以为经典小说中的人物和情节流下泪水。一颗可以被泪水洗涤的心，是年轻的，它比那些喧哗热闹的心更深地爱着这个世界。

后来，读吴非老师的《不跪着教书》，读吴非老师的博客，从中读到勇气和力量，诗心和思想，责任和忧愁，教学和写作最本真的方法。我逐渐明白，在这个世界上，唯有思想是可以自己进修的，而这也许是拒绝平庸的唯一方式。正是对书时光的深深眷恋，职业的厌倦和疲惫没有与时光一起前来按响门铃。在平凡的校园生活中，我找到了安静中的丰富，简单中的幸福。

吴非老师并不认识我，但和许多老师一样，我一直把他看成我心中的老师，他犹如一束光，照亮过我的茫然。他让我知道，语文教学不只是知识的传授，更是一种理想情怀和独立思想的自然培养。这样来自远方的光束后来又遇见很多：于漪老师，孙绍振老师，钱理群老师……

缘于这些阅读和光束，某一天我也不自觉地拿起了笔，涂抹心情，美的发现，行走中的风景，校园故事，阅读感悟，育儿心得……从一个读者到一个作者的感觉很美妙，更美妙的是身畔那些真诚的赞许。在这里，我不能不提学校的老校长、特级教师高万祥先生。起初，我不过是发表了几篇数百字的豆腐块而已，他竟不吝赞美之词。有一次，正值暑期，在家中休息的我突然接到他的电话，心中忐忑，奇怪校长何以假期亲自打电话来，没想到，温和的第一句话是："刚读到你发表在《教师博览》上的卷首语《一路欢歌》，写得好，祝贺你！"发表，本就是最大的鼓励，而这样的赞美，让我更爱在闲暇时间里翻开书来读点什么，提起笔来写点什么，好像不这么做，便愧对了谁。后来，我陆续在《散文》《教师博览》《中国教师报》等报刊发表了《逃离》《传说，樱花是以每秒五厘米的速度飘落的》等散文随笔近百篇。只为心中喜欢而写，为简单的校园生活穿上了一件美丽衣衫，让我乐在其中。

高校长闲时会来听课督导，有一次，他说："你的课生动、随性、灵性，但理性深度不够，可考虑多方向阅读，多参看大家课例。"在他的建议之下，我开始涉猎美学和哲学，阅读朱光潜、叶圣陶、孙绍振、周汝昌等大家，阅读教学理论和实录，除于漪老师的课例，还有黄厚江老师的《享受语文课堂——黄厚江本色语文教学典型案例》孙绍振老师的《孙绍振如是解读作品》陈日亮老师的《如是我读——语文教学文本解读个案》等，我的课堂教学不再满足于感性、诗性，开始追求理性和深度，课堂设计试着由放到收，努力让教学在贴近文本中飞翔，还认真阅读《中学语文教学》《语文学习》等杂志上原先避而不看的理论文章，潜下心来提升教学理论深度，记录自己的教学镜头和反思……终于，陆陆续续在《中学语文教学》《语文学习》等刊物发表了几十篇教学随笔和论文。

在散文的自我写作中，我逐渐懂得"文章千古事，得失寸心知"的深味，得以在阅读教学和写作教学中与学生有更好的体验分享；在教学随笔和论文的写作中，我不断琢磨如何让感性和理性自然交融，如何把丰富的生活带入到课堂中，如何潜移默化地培养学生善感知、多趣味的艺术之心……我的课堂逐渐形成了诗性、灵性、生活化的教学风格，深受学生喜欢，也得到了许多认可。现在的我，还带动我们语文组的老师一起爱上阅读和写作，学习摄影、绘画，怀着一颗好奇的心，和学生一起尝试各种新鲜事物。2014年，由语文组开发的校本课程"影像与写作"项目成功申报成为江苏省普通高中课程基地建设项目，我们将带动学生在摄影与写作中更好地感知美，关注生活，热爱文字。

钱理群老师在《语文教育门外谈》中说："语文教育主要是培养学生对真善美的追求，对彼岸理想世界的向往与想象，对人类、自然、宇宙的大关怀，对未知事物的好奇心，并由此焕发出内在与外在的激情，生命的活力，永不停息的精神的探索，永远不满足于现状的批判与创造的欲求。"一直这样努力着。我相信，一个好的语文老师，和他所教的诗、散文、小说等的作用是一样的，他带给学生的，在技术层面上也许没有数理化那么多，也没有那么直接和功利，但能更多触及心灵层面，给予学生非凡的眼界，一个日渐丰盈的心灵，这是一种更为缓慢而更为长远的影响，可以帮助其收获一种诗意而幸福的生活方式。

书中岁月，天地阔，滋味长。我会一直眷恋，这样安静的书时光。

图书在版编目（CIP）数据

就这样爱上语文：一位语文教师的课堂内外 / 郭静娟著 . —上海：华东师范大学出版社，2022

ISBN 978-7-5760-2754-9

Ⅰ.①就…　Ⅱ.①郭…　Ⅲ.①中学语文课—教学研究—高中　Ⅳ.① G633.302

中国版本图书馆 CIP 数据核字（2022）第 053361 号

大夏书系·语文之道

就这样爱上语文

—— 一位语文教师的课堂内外

著　者	郭静娟
策划编辑	程晓云
责任编辑	张思扬
责任校对	杨　坤
封面设计	奇文云海·设计顾问

出版发行 华东师范大学出版社
社　址 上海市中山北路 3663 号　邮编　200062
网　址 www.ecnupress.com.cn
电　话 021－60821666　行政传真　021－62572105
客服电话 021－62865537
邮购电话 021－62869887　地址　上海市中山北路 3663 号华东师范大学校内先锋路口
网　店 http://hdsdcbs.tmall.com

印 刷 者 北京博海升彩色印刷有限公司
开　本 700×1000　16 开
插　页 1
印　张 15
字　数 229 千字
版　次 2022 年 8 月第一版
印　次 2022 年 8 月第一次
印　数 6 100
书　号 ISBN 978－7－5760－2754－9
定　价 55.00 元

出 版 人 王　焰

（如发现本版图书有印订质量问题，请寄回本社市场部调换或电话 021-62865537 联系）